Leonila T
Reshma H
Geerthik S

Mundo algorítmico: Construir sistemas inteligentes com confiança

Mundo algorítmico: Construir sistemas inteligentes com confiança

Leonila T
Reshma H
Geerthik S

Mundo algorítmico: Construir sistemas inteligentes com confiança

ScienciaScripts

Imprint

Any brand names and product names mentioned in this book are subject to trademark, brand or patent protection and are trademarks or registered trademarks of their respective holders. The use of brand names, product names, common names, trade names, product descriptions etc. even without a particular marking in this work is in no way to be construed to mean that such names may be regarded as unrestricted in respect of trademark and brand protection legislation and could thus be used by anyone.

Cover image: www.ingimage.com

This book is a translation from the original published under ISBN 978-620-7-46434-0.

Publisher:
Sciencia Scripts
is a trademark of
Dodo Books Indian Ocean Ltd. and OmniScriptum S.R.L publishing group

120 High Road, East Finchley, London, N2 9ED, United Kingdom
Str. Armeneasca 28/1, office 1, Chisinau MD-2012, Republic of Moldova, Europe
Printed at: see last page
ISBN: 978-620-7-75749-7

Conteúdo

INTRODUÇÃO

Bem-vindo ao mundo dos algoritmos! Este livro mergulha na fascinante jornada da construção de sistemas inteligentes, explorando o potencial e as armadilhas dos algoritmos, ao mesmo tempo que enfatiza a importância da confiança no seu desenvolvimento e implementação. Como os algoritmos permeiam todos os aspectos das nossas vidas, compreender o seu funcionamento interno e as suas limitações é crucial para uma interação e inovação responsáveis.

À medida que a inteligência artificial (IA) continua a revolucionar as indústrias e a melhorar as capacidades humanas, é crucial considerar as suas implicações mais amplas e garantir que o seu desenvolvimento e implementação se alinham com princípios éticos e de responsabilidade social. Este livro investiga a intersecção crucial da IA, da sustentabilidade ambiental e da responsabilidade social, fornecendo um quadro abrangente para a construção de sistemas de IA que não são apenas tecnologicamente sofisticados, mas também ambientalmente conscientes e socialmente equitativos.

Numa era de rápidos avanços tecnológicos, a IA surgiu como uma força transformadora, prometendo revolucionar as indústrias, melhorar as capacidades humanas e remodelar o mundo à nossa volta. No entanto, a par do seu imenso potencial, a IA também levanta questões críticas sobre o seu impacto no ambiente e na sociedade. À medida que aproveitamos o poder da IA, é imperativo considerar as suas implicações mais amplas e garantir que o seu desenvolvimento e implementação se alinham com princípios éticos e responsabilidade social.

Este livro examina o impacto ambiental dos sistemas de IA, explorando o consumo de energia, a utilização de recursos e a pegada de carbono associada à sua formação, funcionamento e eliminação. Também analisa as implicações sociais da IA, abordando questões de preconceito, discriminação, privacidade e deslocação do emprego que podem surgir da sua implementação.

Através de uma combinação de conhecimentos teóricos, orientações práticas e estudos de casos do mundo real, este livro fornece aos leitores os conhecimentos e as ferramentas necessárias para desenvolver e implementar sistemas de IA que sejam ambiental e socialmente responsáveis. Explora estratégias para minimizar a pegada ambiental dos sistemas de IA, promover a diversidade e a inclusão no desenvolvimento da IA, garantir a equidade e a transparência na tomada de decisões sobre IA e mitigar os potenciais impactos negativos da IA no emprego e no bem-estar social.

À medida que embarcamos na jornada de moldar o futuro com a IA, este livro serve como um guia essencial, capacitando indivíduos, organizações e decisores políticos para aproveitarem o poder da IA em benefício da humanidade e do planeta. É uma chamada de atenção para o desenvolvimento responsável da IA, garantindo que a IA não só melhora as nossas vidas, mas também contribui para um mundo mais sustentável, equitativo e justo.

Para além das implicações ambientais e sociais da IA, este livro explora também as considerações económicas do desenvolvimento e implantação de sistemas de IA. Examina os custos e os benefícios da IA e a forma como esses custos e benefícios podem ser distribuídos pelas diferentes partes interessadas. O livro também discute o potencial impacto da IA na desigualdade económica e a forma como as políticas podem ser concebidas para atenuar esse impacto.

De um modo geral, este livro fornece uma panorâmica abrangente das implicações ambientais, sociais e económicas da IA. É um recurso essencial para quem quer compreender o impacto da IA no nosso mundo e como podemos garantir que a IA é desenvolvida e implementada de forma responsável.

CAPÍTULO 1

AVANÇOS TECNOLÓGICOS

Na era dos rápidos avanços tecnológicos, a inteligência artificial (IA) surgiu como uma força transformadora, revolucionando os sectores, aumentando as capacidades humanas e remodelando o próprio tecido da nossa existência. No entanto, embora a IA tenha um potencial imenso, também levanta questões críticas sobre o seu impacto no ambiente e na sociedade. À medida que nos aventuramos nos territórios inexplorados do desenvolvimento da IA, é imperativo considerar as suas implicações mais alargadas e garantir que a sua implementação está em conformidade com os princípios éticos e a responsabilidade social.

Através de uma mistura perfeita de conhecimentos teóricos, orientações práticas e estudos de casos do mundo real, o livro capacita os leitores com os conhecimentos e as ferramentas necessárias para desenvolver e implementar sistemas de IA de forma responsável. Explora estratégias inovadoras para minimizar a pegada ambiental dos sistemas de IA, promover a diversidade e a inclusão no desenvolvimento da IA, garantir a equidade e a transparência na tomada de decisões sobre IA e mitigar os potenciais impactos negativos da IA no emprego e no bem-estar social.

À medida que moldamos o futuro com a IA, este livro serve como um guia indispensável, capacitando indivíduos, organizações e decisores políticos para aproveitarem o poder da IA em benefício da humanidade e do planeta. É uma chamada de atenção para o desenvolvimento responsável da IA, assegurando que a IA não só melhora as nossas vidas, mas também contribui para um mundo mais sustentável, equitativo e justo.

À medida que a inteligência artificial (IA) continua a remodelar o nosso mundo, é imperativo considerar o seu impacto no ambiente e na sociedade. O livro "Building AI systems that are environmentally and socially responsible" (Construir sistemas de IA que sejam ambiental e socialmente responsáveis) fornece um roteiro para desenvolver e implementar sistemas de IA que sejam não só tecnologicamente sofisticados, mas também conscientes do ponto de vista ambiental e socialmente equitativos.

A inteligência artificial (IA) está pronta a revolucionar muitos aspectos das nossas vidas e as suas implicações para o ambiente são de grande alcance. Embora a IA tenha o potencial de nos ajudar a enfrentar alguns dos desafios ambientais mais prementes do nosso planeta, é crucial considerar os seus potenciais inconvenientes e adotar práticas de desenvolvimento e utilização responsáveis.

Impactos ambientais positivos da IA

1. **Eficiência energética:** A capacidade da IA para analisar e otimizar sistemas complexos pode melhorar significativamente a eficiência energética em vários sectores. Por exemplo, as redes inteligentes alimentadas por IA podem otimizar a distribuição de eletricidade, reduzindo o desperdício e garantindo que a energia é fornecida onde é mais necessária. Os sistemas de termóstatos alimentados por IA podem aprender o comportamento dos ocupantes e ajustar as temperaturas em conformidade, minimizando o consumo de energia nos edifícios.

2. **Integração das energias renováveis:** A IA pode desempenhar um papel fundamental na integração de fontes de energia renováveis na rede, resolvendo os desafios de intermitência e variabilidade associados à energia eólica e solar. Os algoritmos de IA podem prever padrões meteorológicos e otimizar a produção de energia a partir de fontes renováveis, garantindo um fornecimento estável e fiável de energia limpa.

3. **Conservação de recursos:** A IA pode contribuir para a conservação de recursos, optimizando a utilização de recursos e reduzindo o desperdício. Os sistemas de irrigação alimentados por IA podem otimizar a utilização da água na agricultura, minimizando o consumo de água e mantendo o rendimento das culturas. Os sistemas de monitorização florestal alimentados por IA podem detetar a desflorestação em tempo real, permitindo intervenções atempadas para proteger as florestas.

4. Monitorização ambiental e resposta a catástrofes: A IA pode melhorar as capacidades de monitorização ambiental, permitindo a deteção precoce e a atenuação dos riscos ambientais. Os algoritmos de IA podem analisar imagens de satélite e dados de sensores para identificar desflorestação, fontes de poluição e potenciais catástrofes naturais, permitindo intervenções proactivas.

Impactos ambientais negativos da IA

1. Consumo de energia e emissões: A formação e o funcionamento da IA requerem quantidades significativas de energia, principalmente dos centros de dados. A potência computacional necessária para treinar e executar grandes modelos de IA pode levar a emissões substanciais de gases com efeito de estufa.

2. Geração de resíduos electrónicos (E-waste): O hardware de IA, incluindo GPUs, servidores e outros componentes, contribui para o crescente problema dos resíduos electrónicos. A eliminação inadequada de resíduos electrónicos pode libertar substâncias perigosas no ambiente, colocando em risco a saúde humana e os ecossistemas.

3. Deslocação de postos de trabalho e impactos socioeconómicos: A automatização da IA tem o potencial de deslocar postos de trabalho em sectores como a indústria transformadora, os transportes e o serviço de apoio ao cliente. Isto pode levar a perturbações socioeconómicas, particularmente para trabalhadores pouco qualificados, potencialmente exacerbando as desigualdades existentes.

Atenuar os impactos ambientais negativos da IA

1. Algoritmos e hardware de IA eficientes do ponto de vista energético: Os esforços de investigação devem centrar-se no desenvolvimento de algoritmos de IA eficientes do ponto de vista energético e de hardware especializado, como os aceleradores de IA, para reduzir as exigências de potência computacional do treino e funcionamento da IA.

2. Adoção de energias renováveis para infra-estruturas de IA: Os centros de dados que suportam aplicações de IA devem fazer a transição para fontes de energia renováveis, como a energia solar e eólica, para minimizar a sua pegada de carbono e a dependência de combustíveis fósseis.

3. Gestão responsável dos resíduos electrónicos: Os sistemas eficazes de gestão dos resíduos electrónicos são cruciais para evitar a contaminação ambiental e o esgotamento dos recursos. Isto inclui o desenvolvimento de tecnologias de reciclagem eficientes, a criação de infra-estruturas de recolha e reciclagem e a promoção de práticas responsáveis de eliminação de resíduos electrónicos.

4. Iniciativas de requalificação e melhoria de competências: Para lidar com a potencial deslocação de postos de trabalho, os governos e a indústria devem investir em programas de requalificação e melhoria de competências para preparar os trabalhadores para a economia da IA em evolução. Isso pode envolver o fornecimento de treinamento em habilidades relacionadas à IA ou o apoio aos trabalhadores na transição para novas ocupações.

O rápido avanço da inteligência artificial (IA) desencadeou um debate global sobre o seu profundo impacto na sociedade, abrangendo tanto os potenciais benefícios como os desafios. Embora a IA ofereça oportunidades transformadoras para o progresso e a inovação, é imperativo considerar cuidadosamente as suas potenciais implicações sociais para garantir o seu desenvolvimento e implantação responsáveis e equitativos.

Impactos sociais positivos da IA

A IA pode aumentar significativamente a eficiência e a produtividade em vários sectores, incluindo os cuidados de saúde, a educação e a indústria transformadora. As ferramentas de diagnóstico alimentadas por IA podem ajudar os profissionais médicos a efetuar diagnósticos precisos e atempados, conduzindo a melhores resultados para os pacientes. Na educação, os sistemas de aprendizagem adaptativa baseados em IA podem personalizar o ensino para satisfazer as necessidades individuais dos alunos, optimizando os resultados da aprendizagem. Do mesmo modo, a IA pode racionalizar os processos de fabrico, reduzindo o desperdício e aumentando as taxas de produção.

As tecnologias de IA têm o potencial de capacitar as pessoas com deficiência, proporcionando-lhes um melhor acesso à informação, à comunicação e à mobilidade. As tecnologias de assistência baseadas em IA, como os leitores de ecrã e o software de conversão de voz em texto, podem permitir que as pessoas com deficiências visuais acedam a conteúdos digitais e comuniquem eficazmente. Os exoesqueletos robóticos controlados por IA podem ajudar as pessoas com mobilidade limitada, aumentando a sua independência e qualidade de vida.

A IA pode contribuir para a construção de sociedades mais inclusivas, identificando e combatendo os preconceitos e a discriminação. Os algoritmos alimentados por IA podem analisar dados para detetar padrões de preconceito nas práticas de contratação, decisões de empréstimo e sistemas de justiça criminal. Ao identificar estes preconceitos, as organizações e os decisores políticos podem tomar medidas para os mitigar e promover resultados mais justos.

Impactos sociais negativos da IA

A automatização da IA tem o potencial de deslocar postos de trabalho em sectores que dependem de tarefas rotineiras e repetitivas, como o fabrico e o serviço ao cliente. Esta deslocação de postos de trabalho pode levar a perturbações económicas, em especial nas comunidades que dependem fortemente destas indústrias.

Os algoritmos de IA podem perpetuar e amplificar os preconceitos existentes na sociedade, conduzindo a resultados discriminatórios. Se forem treinados com dados tendenciosos, os algoritmos de IA podem tomar decisões injustas com base em factores como a raça, o género ou o estatuto socioeconómico.

A adoção generalizada da IA suscita preocupações em matéria de privacidade e vigilância. Os sistemas de reconhecimento facial alimentados por IA, por exemplo, podem ser utilizados para seguir e monitorizar indivíduos sem o seu consentimento. Este facto suscita preocupações quanto à erosão da privacidade e à possibilidade de utilização indevida das tecnologias de vigilância.

Atenuar os impactos sociais negativos da IA

O estabelecimento de directrizes e princípios éticos claros para o desenvolvimento e implementação da IA é crucial para mitigar potenciais impactos sociais negativos. Estas directrizes devem abordar questões como a parcialidade, a equidade, a transparência e a responsabilidade.

Para fazer face à potencial deslocação de postos de trabalho causada pela automatização da IA, os governos e as instituições de ensino devem investir em programas de requalificação e melhoria das competências dos trabalhadores afectados pela mudança tecnológica. Isto pode envolver a oferta de formação para novos empregos relacionados com a IA, o apoio ao empreendedorismo no sector da IA e a facilitação de transições de carreira.

Um diálogo público aberto e transparente é essencial para garantir que as tecnologias de IA sejam desenvolvidas e implantadas de forma responsável e equitativa. Isto inclui envolver o público nos processos de tomada de decisão, fornecer informações claras sobre os sistemas de IA e estabelecer mecanismos de controlo público.

CAPÍTULO 2

PREPARAÇÃO E MODELAÇÃO DE DADOS

A preparação automática de dados utiliza algoritmos e técnicas para limpar, transformar e preparar dados em bruto para análise. O seu objetivo é simplificar o processo de preparação de dados, reduzir o tempo e o esforço necessários para limpar e transformar os dados e melhorar a qualidade dos dados resultantes.

A preparação automatizada de dados envolve as seguintes etapas:

- **Limpeza de dados:** Identifica e corrige erros e inconsistências nos dados, tais como valores em falta, registos duplicados e tipos de dados incorrectos.

- **Transformação de dados:** Converte os dados num formato mais adequado para análise. Isto pode incluir a agregação de dados, a normalização de dados e a codificação de variáveis categóricas.

- **Engenharia de características:** Cria novas características a partir dos dados existentes que podem ser mais informativas para a análise.

- **Integração de dados:** Combina dados de várias fontes num único conjunto de dados.

A preparação automatizada de dados pode ajudá-lo a poupar tempo e esforço e a melhorar a qualidade da sua análise de dados.

AUTOMATIZAR O PROCESSO DE PREPARAÇÃO DE DADOS:

A automatização da preparação de dados é um passo fundamental nos fluxos de trabalho modernos da ciência de dados e das máquinas inteligentes. Poupa tempo e reduz os erros, conduzindo a uma análise mais exacta e eficiente.

Eis alguns passos a considerar:

1. **Identificar as etapas de limpeza e transformação de dados necessárias:** Que passos específicos são necessários para preparar os dados para análise? Por exemplo, pode ser necessário remover duplicados, preencher valores em falta, normalizar ou escalar dados e converter tipos de dados.

2. **Escolha uma ferramenta para automatização**: Existem muitas

ferramentas disponíveis, incluindo linguagens de programação como Python e R, e software especializado como KNIME, Apteryx e Data Robot. Escolha uma ferramenta que seja adequada às suas necessidades e ao seu nível de competências.

3. **Escreva scripts ou fluxos de trabalho:** Utilize a ferramenta escolhida para escrever scripts ou fluxos de trabalho que automatizem as etapas de preparação de dados que definiu. Isto pode implicar a utilização de bibliotecas ou módulos específicos da linguagem de programação ou ferramenta escolhida.

4. **Testar e depurar:** Antes de utilizar o processo automatizado em todo o seu conjunto de dados, teste-o num pequeno subconjunto de dados ou utilize ferramentas de depuração para identificar e corrigir erros.

5. **Aumentar a escala e automatizar:** Depois de ter testado com êxito a sua automatização da preparação de dados, pode aumentá-la para trabalhar com conjuntos de dados maiores ou integrá-la num fluxo de trabalho maior de ciência de dados ou de Máquinas Inteligentes.

A automatização da preparação de dados pode poupar-lhe tempo e esforço e melhorar a qualidade da sua análise de dados. Siga os passos acima para automatizar o seu processo de preparação de dados.

SELECÇÃO DE MODELOS

A seleção e a afinação automatizadas de modelos utilizam algoritmos para encontrar o melhor modelo de Máquinas Inteligentes para um problema específico. Pode poupar tempo e melhorar o desempenho.

Eis alguns passos a considerar:

1. **Definir o problema e os indicadores de desempenho:** O que pretende resolver e otimizar?

2. **Escolha um algoritmo:** Existem muitos algoritmos disponíveis, como a otimização Bayesiana, os algoritmos genéticos e a pesquisa em grelha. Escolha um que se adeqúe às suas necessidades e ao tamanho do conjunto de dados.

3. **Definir o espaço de pesquisa:** Isto inclui a gama de hiper-parâmetros, tipos de modelos e métricas de desempenho.

4. **Treinar e avaliar modelos:** O algoritmo irá treinar e avaliar diferentes modelos no seu conjunto de dados e escolher o melhor com base nas métricas de desempenho.

5. **Afinar o modelo:** Utilizar técnicas adicionais de otimização de hiperparâmetros para melhorar ainda mais o modelo.

6. **Validar o modelo:** Utilizar um conjunto de dados de espera para garantir que o modelo não está a ser ajustado em excesso.

A seleção e o ajuste automatizados de modelos podem ajudá-lo a poupar tempo e a encontrar o melhor modelo de Máquinas Inteligentes para o seu problema. Siga os passos acima para automatizar o seu processo de seleção e afinação de modelos.

DIVISÃO DE DADOS:

A divisão de dados consiste em dividir um conjunto de dados em conjuntos de treino, validação e teste. Isto é importante para avaliar o desempenho de um modelo de Máquinas Inteligentes em novos dados.

Principais subconjuntos:

- **Conjunto de treino:** O modelo aprende padrões e relações entre características e a variável-alvo com base nestes dados.

- **Conjunto de validação:** Os hiperparâmetros do modelo são ajustados com base nestes dados. Os hiperparâmetros são parâmetros do modelo que não são aprendidos com os dados, como a taxa de aprendizagem ou o número de camadas ocultas. O conjunto de validação evita o ajuste excessivo, avaliando o desempenho do modelo em dados novos e não vistos.

- **Conjunto de teste:** O desempenho final do modelo é avaliado com base nestes dados, que não foram vistos pelo modelo durante a formação. Isto permite estimar o desempenho do modelo em dados novos e não vistos no futuro.

Dividir os dados:

- Dividir os dados aleatoriamente para que cada subconjunto contenha uma amostra representativa dos dados.

- Uma divisão típica é 70% de treino, 20% de validação e 10% de teste. No entanto, isto pode variar consoante a dimensão do conjunto de dados e a complexidade do problema.

- Manter a mesma distribuição de classes ou variáveis-alvo em todos os subconjuntos para garantir que o modelo não é tendencioso para uma determinada classe ou resultado.

Vantagens da divisão de dados:

- Treina e avalia modelos de Máquinas Inteligentes de forma mais eficaz.

- Conduz a um melhor desempenho e a previsões mais exactas sobre novos dados.

A divisão de dados é um passo importante nas Máquinas Inteligentes para avaliar o desempenho de um modelo em novos dados. É efectuada dividindo o conjunto de dados em conjuntos de treino, validação e teste. Cada subconjunto é utilizado para um objetivo diferente, pelo que é importante dividir os dados aleatoriamente e manter a mesma distribuição de classes ou variáveis alvo em todos os subconjuntos.

IMPLANTAÇÃO DO MODELO:

A implementação automatizada de modelos é o processo de disponibilização de um modelo treinado de Máquinas Inteligentes num ambiente de produção. Envolve a criação de um pipeline que pega no modelo treinado e o torna utilizável por utilizadores finais ou outros sistemas.

Eis alguns passos a considerar ao automatizar a implementação de modelos:

1. **Escolha uma estrutura de implantação:** Cabernets, Dockers e AWS Sage Maker são estruturas de implantação populares. Escolha uma que se adapte às suas necessidades e ao seu nível de competências.

2. **Criar um pipeline:** Crie um pipeline que possa pegar o modelo treinado e disponibilizá-lo na produção. Isso pode envolver o empacotamento do modelo em um contêiner, implantando-o em um serviço de nuvem ou criando uma API REST.

3. **Automatizar o pipeline:** Use uma ferramenta de integração e implantação

contínuas (CI/CD), como Jenkins, Travis CI ou Circle CI, para automatizar o pipeline. Isso implantará automaticamente novas versões de modelo à medida que elas se tornarem disponíveis.

4. **Testar e validar a implantação:** Assegurar que a implementação está a funcionar como esperado utilizando ferramentas de teste automatizadas ou testes manuais.

5. **Monitorar a implantação:** Use ferramentas de monitoramento como o Prometheus ou o Grana para monitorar o desempenho e o uso da implantação. Certifique-se de que está a cumprir as métricas de desempenho esperadas.

6. **Atualizar a implementação:** Actualize a implementação conforme necessário para adicionar novas funcionalidades ou resolver quaisquer problemas.

A implementação automatizada de modelos é um passo crítico nos fluxos de trabalho das Máquinas Inteligentes. Ajuda a tornar os modelos do Intelligent Machines mais acessíveis e úteis. Ao seguir os passos acima, pode automatizar o seu processo de implementação de modelos e poupar tempo e recursos.

AVALIAÇÃO E MÉTRICAS:

Avaliar e medir o desempenho dos modelos de processamento da linguagem natural (PLN) é crucial para garantir a sua eficácia e selecionar o mais adequado para uma determinada tarefa. São normalmente utilizadas várias métricas para avaliar a exatidão, a precisão, a recuperação e a eficiência global dos modelos de PLN. Segue-se um resumo de algumas das principais métricas de avaliação em PNL:

1. **Exatidão:** A precisão representa a proporção de previsões correctas feitas pelo modelo. É calculada como o número de previsões correctas dividido pelo número total de previsões. A exatidão é uma métrica simples, mas pode não ser a mais informativa para conjuntos de dados desequilibrados.

2. **Precisão:** A precisão indica a proporção de previsões positivas que estão efetivamente correctas. É calculada como o número de verdadeiros positivos (TP) dividido pelo número total de previsões positivas (TP + FP), em que FP

representa os falsos positivos. A precisão é útil para avaliar modelos que dão prioridade à identificação exacta de verdadeiros positivos.

3. **Recuperação:** A recuperação mede a proporção de instâncias positivas reais que são corretamente identificadas. É calculada como o número de TP dividido pelo número total de instâncias positivas (TP + FN), em que FN representa os falsos negativos. A recuperação é importante quando é crucial minimizar os falsos negativos, como no diagnóstico médico ou na filtragem de spam.

4. **Pontuação F1:** A pontuação F1 é uma média harmónica da precisão e da recuperação, fornecendo uma avaliação equilibrada de ambos os aspectos. É calculada como 2 (Precisão, Recuperação) / (Precisão + Recuperação). A pontuação F1 é particularmente útil quando se lida com conjuntos de dados desequilibrados.

5. **AUC-ROC:** AUC-ROC (Area Under the Curve - Receiver Operating Characteristic) é uma métrica específica para tarefas de classificação binária. Avalia a capacidade do modelo para distinguir entre instâncias positivas e negativas, considerando todos os limiares possíveis para a classificação de instâncias. Um valor AUC-ROC mais elevado indica um melhor desempenho.

6. **Pontuação BLEU:** BLEU (Bilingual Evaluation Understudy) é uma métrica utilizada para avaliar modelos de tradução automática. Compara a semelhança entre traduções geradas por máquinas e traduções geradas por humanos, considerando a correspondência de n-gramas (sequências de n palavras). Uma pontuação BLEU mais elevada indica uma correspondência mais próxima das traduções humanas.

7. **Perplexidade:** A perplexidade é uma medida da capacidade de um modelo linguístico para prever a palavra seguinte' numa sequência. É calculada como o exponencial da perda de entropia cruzada entre as palavras seguintes previstas e reais. Uma pontuação de perplexidade mais baixa indica uma melhor capacidade de modelação da linguagem.

8. Estas métricas fornecem informações valiosas sobre o desempenho dos modelos de PNL, permitindo aos programadores aperfeiçoar e melhorar os seus

modelos para tarefas e requisitos específicos.

SELECÇÃO DE MODELOS E MÉTODOS DE CONJUNTO EM MÁQUINAS INTELIGENTES AUTOMATIZADAS:

As Máquinas Inteligentes Automatizadas (Auto ML) simplificam o processo de seleção, formação e implementação de modelos de Máquinas Inteligentes. Duas técnicas-chave utilizadas no Auto ML para melhorar o desempenho do modelo são a seleção de modelos e os métodos de conjunto.

A seleção de modelos envolve a identificação do algoritmo e dos hiperparâmetros mais adequados para um problema específico. Várias técnicas, como a pesquisa em grelha, a pesquisa aleatória, a otimização bayesiana e os algoritmos genéticos, podem automatizar este processo. A pesquisa em grelha avalia exaustivamente uma gama de hiperparâmetros, enquanto a pesquisa aleatória recolhe aleatoriamente amostras de hiperparâmetros de um espaço predefinido. A otimização Bayesiana utiliza distribuições de probabilidade para orientar a procura de hiperparâmetros óptimos, enquanto os algoritmos genéticos utilizam técnicas evolutivas para os otimizar.

Os métodos de conjunto combinam previsões de vários modelos de máquinas inteligentes para melhorar o desempenho global. Podem ser aplicados com qualquer algoritmo de Máquinas Inteligentes e podem melhorar significativamente a exatidão, reduzindo o ajuste excessivo e aumentando a robustez do modelo. Os métodos de conjunto mais comuns incluem o ensacamento, o reforço e o empilhamento. O ensacamento envolve o treino de várias instâncias do mesmo algoritmo em diferentes subconjuntos de dados e, em seguida, a agregação das suas previsões. O boosting envolve o treino sequencial de vários alunos fracos, com cada aluno a basear-se nos erros do anterior. O empilhamento envolve a combinação de previsões de vários modelos utilizando um meta-modelo que aprende a ponderar as previsões de cada modelo.

No ML automático, a seleção de modelos e os métodos de conjunto são frequentemente combinados para criar modelos de máquinas inteligentes altamente precisos e robustos. As plataformas de ML automático, como a H2O.ai, a TPOT e a Auto-Kara, utilizam uma combinação destas técnicas para gerar e otimizar automaticamente os pipelines de máquinas inteligentes. Estas ferramentas simplificam o processo de criação de modelos de máquinas inteligentes, permitindo que os cientistas de dados e os programadores se concentrem em tarefas de nível superior, como a engenharia de características e a análise de dados.

AFINAÇÃO DE HIPERPARÂMETROS:

A afinação dos hiperparâmetros é uma etapa crucial nas máquinas inteligentes, uma vez que envolve a seleção dos valores ideais dos hiperparâmetros para melhorar o desempenho do modelo. Os hiperparâmetros, ao contrário dos parâmetros, não são aprendidos diretamente durante o treino, mas são definidos manualmente antes do treino. Exemplos de hiperparâmetros incluem a taxa de aprendizagem, a força de regularização e o número de camadas ocultas numa rede neural.

A importância da afinação dos hiperparâmetros reside no seu impacto substancial no desempenho do modelo. A seleção incorrecta dos hiperparâmetros pode levar a um subajuste ou a um sobreajuste, resultando num fraco desempenho em dados não vistos.

Existem várias técnicas para a afinação de hiper-parâmetros, cada uma com os seus pontos fortes e limitações:

1. **Pesquisa em grelha:** Este método envolve a avaliação do desempenho do modelo para todas as combinações possíveis de valores de hiperparâmetros dentro de uma grelha predefinida. Embora computacionalmente dispendiosa, a pesquisa em grelha é eficaz para espaços de pesquisa pequenos.

2. **Pesquisa aleatória:** Este método melhora a pesquisa em grelha seleccionando aleatoriamente valores de hiperparâmetros de um espaço de pesquisa predefinido, tornando-o mais eficiente para espaços de pesquisa maiores.

3. **Otimização Bayesiana:** Esta técnica utiliza um modelo probabilístico para

prever o desempenho do modelo com base em diferentes valores de hiperparâmetros. O modelo é atualizado com cada avaliação, orientando a seleção do próximo conjunto de hiperparâmetros a avaliar. A otimização Bayesiana é particularmente eficiente para grandes espaços de pesquisa.

4. **Algoritmos Genéticos:** Estes algoritmos imitam os processos evolutivos para pesquisar o espaço de hiperparâmetros. Os hiperparâmetros são tratados como genes e o algoritmo faz evoluir uma população de modelos ao longo de várias gerações. Os algoritmos genéticos são eficazes para hiperparâmetros não contínuos ou quando existem interacções entre hiperparâmetros.

MODELO ENSEMBLE

Os métodos de conjunto, que combinam vários modelos de máquinas inteligentes, podem melhorar ainda mais o desempenho:

1. **Bagging (Bootstrap Aggregating):** O ensacamento envolve o treino de várias instâncias do mesmo algoritmo em diferentes subconjuntos de dados, com substituição. As previsões de cada modelo são depois calculadas como média para produzir a previsão final. O ensacamento reduz efetivamente o sobreajuste e aumenta a estabilidade do modelo.

2. **Reforço:** Este método envolve a formação sequencial de vários alunos fracos, em que cada aluno se baseia nos erros do anterior. As previsões de cada modelo fraco são ponderadas com base na sua exatidão, sendo dado mais peso aos modelos de maior exatidão. O reforço reduz eficazmente o enviesamento e melhora a precisão geral do modelo.

3. **Empilhamento:** O empilhamento envolve a combinação das previsões de vários modelos utilizando um meta-modelo que aprende a ponderar as previsões de cada modelo. As previsões dos modelos de base são utilizadas como entrada para o meta-modelo, que produz a previsão final. O empilhamento reduz efetivamente o sobreajuste e aumenta a precisão do modelo.

4. **Poda do conjunto**: Esta técnica envolve a remoção de modelos do conjunto que não contribuem significativamente para o desempenho global. O objetivo da poda do conjunto é reduzir o tamanho do conjunto sem comprometer o

desempenho.

A afinação de hiperparâmetros e os métodos de conjunto desempenham papéis cruciais na otimização dos modelos de Máquinas Inteligentes para um melhor desempenho e uma melhor generalização a dados não vistos.

COMPRESSÃO DO MODELO:

A compressão de modelos é uma técnica fundamental nas máquinas inteligentes, uma vez que permite a implementação de modelos complexos em dispositivos com recursos limitados sem sacrificar a precisão. Ao reduzir o tamanho do modelo, a compressão de modelos minimiza os requisitos de armazenamento e as exigências computacionais, tornando-a adequada para telemóveis, sistemas incorporados e outros dispositivos com recursos limitados.

Podem ser utilizadas várias técnicas para conseguir a compressão do modelo:

1. **Quantização:** A quantização reduz a precisão dos pesos e das activações no modelo, normalmente de números de ponto flutuante de 32 bits para números inteiros de 8 bits. Isto reduz significativamente o tamanho do modelo sem comprometer a precisão.

2. **Poda:** A poda elimina pesos ou neurónios sem importância do modelo, aumentando a sua eficiência. Técnicas como a poda de magnitude, que remove pesos com magnitudes baixas, e a poda estruturada, que remove filtros ou camadas inteiras, são normalmente utilizadas.

3. **Destilação de conhecimento:** A destilação de conhecimento envolve o treinamento de um modelo menor para imitar o comportamento de um modelo maior e mais complexo. O modelo mais pequeno é treinado para replicar os resultados do modelo maior, em vez dos rótulos da verdade terrestre. Esta técnica reduz efetivamente o tamanho do modelo, mantendo a precisão.

4. **Aproximação de baixo grau:**   Aproximação de baixo grau
aproxima as matrizes de peso do modelo utilizando matrizes de baixo grau. São frequentemente utilizadas técnicas como a decomposição do valor singular (SVD) ou a factorização de matrizes. Esta abordagem reduz significativamente o tamanho do modelo com uma perda mínima ou nula de exatidão.

A compressão de modelos desempenha um papel crucial para permitir a implementação de modelos complexos de máquinas inteligentes em dispositivos com recursos limitados. Empregando técnicas como quantização, poda, destilação de conhecimento e aproximação de baixo grau, podemos reduzir efetivamente o tamanho do modelo, mantendo o desempenho, tornando-o adequado para uma vasta gama de aplicações.

APRENDIZAGEM POR TRANSFERÊNCIA DE MODELOS:

A aprendizagem por transferência é uma técnica poderosa das máquinas inteligentes que consiste em aproveitar os conhecimentos adquiridos numa tarefa (tarefa de origem) para melhorar o desempenho de um modelo numa tarefa diferente mas relacionada (tarefa de destino). Esta abordagem é particularmente vantajosa quando a tarefa alvo tem um conjunto de dados limitado ou quando a tarefa alvo partilha semelhanças com a tarefa fonte.

Um excelente exemplo de aprendizagem por transferência em ação é o domínio da visão por computador. Os modelos pré-treinados, como o VGGNet ou o ResNet, podem ser reutilizados para melhorar o desempenho de novos modelos na classificação de imagens, deteção de objectos ou tarefas de segmentação. Ao afinar estes modelos pré-treinados no novo conjunto de dados, os seus parâmetros são ajustados para se adaptarem melhor aos novos dados. As características extraídas do modelo pré-treinado servem como uma base valiosa para o novo modelo, facilitando uma aprendizagem mais rápida e precisa.

A aprendizagem por transferência também encontra aplicações em tarefas de processamento de linguagem natural (PLN), como a classificação de textos ou a modelação de linguagem. Os modelos linguísticos pré-treinados, como o BERT (Bidirectional Encoder Representations from Transformers), podem ser utilizados para aprender as características semânticas do texto e subsequentemente ajustados para tarefas específicas de PLN. Por exemplo, o BERT pode ser adaptado para tarefas de classificação de texto ou de reconhecimento de entidades nomeadas.

As vantagens da aprendizagem por transferência são múltiplas:

1. **Formação acelerada:** A aprendizagem por transferência reduz significativamente o tempo de formação ao inicializar o modelo com parâmetros pré-treinados, eliminando a necessidade de começar do zero.

2. **Precisão melhorada:** A aprendizagem por transferência pode melhorar consideravelmente a precisão do modelo na tarefa-alvo, especialmente quando se lida com conjuntos de dados limitados.

3. **Requisitos de dados reduzidos:** A aprendizagem por transferência minimiza os requisitos de dados para a formação, uma vez que o modelo pré-treinado já adquiriu características relevantes para a tarefa-alvo.

4. **Generalização melhorada:** A aprendizagem por transferência permite que os modelos generalizem melhor para novos dados, transmitindo conhecimentos de características aplicáveis a várias tarefas.

Essencialmente, a aprendizagem por transferência oferece uma estratégia poderosa para aproveitar o conhecimento existente e melhorar o desempenho dos modelos de Máquinas Inteligentes em novas tarefas, especialmente quando existem limitações de dados ou quando as tarefas apresentam características comuns.

CAPÍTULO 3

RESPONSABILIDADE SOCIAL NA I.A.

O desenvolvimento e a implantação de sistemas de IA devem ser orientados por princípios éticos e práticas responsáveis para garantir a sua aplicação benéfica para a sociedade. A responsabilidade social no domínio da IA abrange um vasto leque de considerações, incluindo a equidade, a transparência, a responsabilidade, a privacidade, a não maleficência e a beneficência.

Princípios fundamentais da responsabilidade social na IA

Equidade: Os sistemas de IA não devem perpetuar ou exacerbar os preconceitos ou a discriminação existentes. Isto requer uma análise meticulosa dos dados utilizados para treinar modelos de IA, bem como dos próprios algoritmos.

Transparência: Os sistemas de IA devem funcionar e tomar decisões de forma transparente. Isto significa proporcionar aos utilizadores uma compreensão da forma como os sistemas de IA chegam às suas decisões e estabelecer mecanismos para identificar e resolver potenciais enviesamentos.

Responsabilização: Devem ser criados mecanismos claros para identificar e responsabilizar os responsáveis pela criação ou implantação de sistemas de IA que causem danos. Isto inclui o estabelecimento de quadros jurídicos sólidos e a garantia de vias de recurso para as pessoas afectadas negativamente pela IA.

Privacidade: Os sistemas de IA devem respeitar a privacidade dos indivíduos e salvaguardar os seus dados pessoais. Para tal, é necessário aplicar medidas sólidas de segurança dos dados e obter um consentimento informado para a recolha e utilização dos mesmos.

Não maleficência: Os sistemas de IA não devem ser utilizados para causar danos aos indivíduos ou à sociedade. Para tal, é necessário conceber os sistemas de IA de modo a evitar riscos previsíveis e aplicar salvaguardas para evitar utilizações indevidas.

Beneficência: Os sistemas de IA devem ser utilizados para maximizar os benefícios para os indivíduos e para a sociedade. Isto significa empregar a IA para resolver problemas do mundo real e melhorar a vida das pessoas.

Estratégias para promover a responsabilidade social na IA

A promoção efectiva da responsabilidade social na IA exige uma abordagem multifacetada que englobe:

Estabelecimento de directrizes e regulamentos éticos: Os governos e os organismos da indústria devem colaborar no desenvolvimento de directrizes e regulamentos éticos claros para o desenvolvimento, implementação e utilização de sistemas de IA. Estas directrizes devem abordar os princípios de justiça, transparência, responsabilidade, privacidade, não maleficência e beneficência.

Promover a diversidade e a inclusão no desenvolvimento da IA: As equipas de desenvolvimento de IA devem refletir a diversidade em termos de raça, género, etnia e outros factores relevantes. Isto ajudará a identificar e a mitigar preconceitos nos sistemas de IA, bem como a garantir que a IA é desenvolvida de uma forma inclusiva e benéfica para todos.

Educar o público sobre a IA: A sensibilização do público para as capacidades e limitações da IA é crucial para uma tomada de decisões informada e para garantir a utilização responsável dos sistemas de IA. Isto inclui fornecer educação sobre a ética e o impacto social da IA ao público em geral, bem como aos decisores políticos, líderes da indústria e programadores de IA.

Apoiar a investigação sobre a ética e o impacto social da IA: A investigação é essencial para compreender melhor as implicações éticas e sociais da IA e desenvolver estratégias de atenuação eficazes. Isto inclui investigação sobre preconceitos algorítmicos, métricas de equidade e o impacto da IA no emprego, na privacidade e na coesão social.

Incentivar o diálogo e a colaboração das partes interessadas: O diálogo aberto e a colaboração entre os criadores de IA, os decisores políticos, os investigadores, as organizações da sociedade civil e as comunidades afectadas são fundamentais para desenvolver e implementar práticas de IA responsáveis. Isso ajudará a garantir que a IA seja usada de forma equitativa, sustentável e benéfica para todos.

Ao implementar estas medidas, podemos aproveitar o poder da IA para enfrentar os desafios societais, assegurando simultaneamente o seu desenvolvimento e implantação éticos e responsáveis. A IA tem o potencial de transformar o nosso mundo para melhor; no entanto, é crucial navegar pelas suas implicações com cuidado e previsão.

Considerações adicionais sobre a responsabilidade social na IA

Para além dos princípios e estratégias fundamentais acima referidos, são essenciais várias considerações específicas para promover a responsabilidade social na IA:

Supervisão humana: Os sistemas de IA não devem ter poder de decisão autónomo, em especial em situações em que estejam em causa decisões críticas ou que alterem a vida. A supervisão e a intervenção humanas devem ser mantidas para garantir uma utilização responsável e ética da IA.

Avaliações de impacto social: Antes da implantação de sistemas de IA, devem ser efectuadas avaliações exaustivas do impacto social para identificar e atenuar as potenciais consequências negativas. Estas avaliações devem considerar o impacto da IA no emprego, na privacidade, na coesão social e noutros factores sociais relevantes.

Monitorização e avaliação contínuas: Os sistemas de IA devem ser continuamente monitorizados e avaliados para identificar quaisquer enviesamentos, erros ou consequências não intencionais que possam surgir. Isto permitirá uma ação correctiva atempada e garantirá a utilização responsável e contínua da IA.

Envolvimento e participação do público: O público deve participar ativamente nos debates sobre o desenvolvimento e a implantação da IA. Isto ajudará a garantir que a IA é desenvolvida e utilizada de uma forma que se alinha com os valores e prioridades da sociedade.

Ao incorporar estas considerações adicionais, podemos reforçar ainda mais o quadro da responsabilidade social no domínio da IA e garantir que esta poderosa tecnologia é utilizada para benefício de todos.

A ética da IA nos cuidados de saúde refere-se ao desenvolvimento e utilização responsáveis e equitativos da inteligência artificial (IA) no sector dos cuidados de saúde. Isto inclui garantir que os sistemas de IA são concebidos e utilizados de forma justa, imparcial e transparente, e que respeitam a privacidade e a autonomia dos doentes. Há uma série de princípios éticos que devem ser considerados aquando do desenvolvimento e utilização da IA nos cuidados de saúde.

Para além destes princípios gerais, há uma série de considerações éticas específicas que surgem quando se utiliza a IA nos cuidados de saúde. Estas incluem:

Enviesamento: os sistemas de IA podem ser enviesados, o que pode levar a resultados injustos ou discriminatórios. É importante identificar e atenuar o enviesamento nos sistemas de cuidados de saúde com IA.

Privacidade: Os sistemas de IA recolhem e armazenam grandes quantidades de dados sobre os doentes. É importante proteger a privacidade dos doentes e garantir que estes dados são utilizados de forma responsável.

Explicabilidade: Os sistemas de IA podem ser complexos e difíceis de compreender. É importante tornar os sistemas de IA explicáveis, para que os doentes e os prestadores de cuidados de saúde possam compreender como estão a tomar decisões.

Segurança: Os sistemas de IA devem ser seguros e fiáveis. Devem existir mecanismos para identificar e atenuar os riscos associados aos sistemas de saúde com IA.

CAPÍTULO 4

FERRAMENTAS AUTOMATIZADAS DE IA

As ferramentas automatizadas de IA surgiram como poderosos aliados no domínio da modelação preditiva, simplificando o processo de aprendizagem automática de ponta a ponta e tornando-o acessível a um maior número de utilizadores. Estas ferramentas automatizam vários passos, incluindo a preparação de dados, a engenharia de características, a seleção de modelos e a afinação de hiperparâmetros, permitindo que indivíduos sem grandes conhecimentos de ciência de dados criem modelos de elevado desempenho.

Ferramentas populares de AutoAI:

1. **Google Automated AI:** Este conjunto de ferramentas inclui o Automated AI Tables, que automatiza a criação de conjuntos de dados estruturados e a seleção/ajustamento de modelos, e o Automated AI Vision, que simplifica o desenvolvimento de modelos de reconhecimento de imagem personalizados.

2. **H2O.ai:** A H2O.ai oferece a H2O Driverless AI, uma plataforma de AutoAI de ponta a ponta, e a H2O Automated AI, que automatiza a seleção de modelos e a afinação de hiperparâmetros.

3. **DataRobot:** Esta plataforma de AutoAI de ponta a ponta incorpora a preparação de dados, a seleção/ajustamento de modelos e a implementação. Inclui modelação automatizada de séries temporais, processamento de linguagem natural e interpretação de aprendizagem automática.

4. **Microsoft Azure Automated ML:** Esta ferramenta utiliza uma interface gráfica para automatizar a seleção e afinação de modelos. Suporta vários algoritmos de aprendizagem automática e permite aos utilizadores especificar métricas e restrições de desempenho.

5. **TPOT:** Esta biblioteca Python automatiza a seleção de modelos e a afinação de hiperparâmetros utilizando programação genética para desenvolver um pipeline de passos de pré-processamento e modelos de aprendizagem automática.

Adotar as melhores práticas de AutoAI:

• **Compreensão dos dados:** Antes de utilizar a AutoAI, obtenha um conhecimento profundo dos seus dados, incluindo a sua qualidade, estrutura e potenciais enviesamentos.

• **Definição do problema e métricas de desempenho:** Defina claramente o problema que pretende resolver e as métricas de desempenho a otimizar. Isto orienta o processo de AutoAI e garante que os modelos satisfazem os seus requisitos.

• **Engenharia de características:** A criação de novas características a partir de dados em bruto pode melhorar o desempenho do modelo. Embora as ferramentas de AutoAI possam automatizar este processo, é crucial compreender o processo e garantir que as características criadas estão alinhadas com o problema.

• **Ajuste de hiperparâmetros:** Os valores dos hiperparâmetros são definidos pelo utilizador e não aprendidos a partir dos dados. O ajuste de hiperparâmetros otimiza esses valores. Embora a AutoAI automatize este processo, é essencial compreender a afinação de hiperparâmetros e garantir que os valores resultantes estão alinhados com o problema.

• **Interpretação do modelo:** Compreender como um modelo de aprendizagem automática faz previsões é crucial para garantir a exatidão e as previsões imparciais. Embora algumas ferramentas de AutoAI automatizem a interpretação do modelo, é vital compreender o processo e garantir que os modelos são transparentes e explicáveis.

• **Manutenção regular do modelo:** Os modelos de aprendizagem automática requerem uma manutenção regular para manter o seu desempenho ao longo do tempo. Isto pode envolver a reciclagem de modelos em novos dados ou o ajuste fino de hiperparâmetros à medida que o problema ou os dados evoluem.

Ao aderir a estas práticas recomendadas, pode aproveitar o poder das ferramentas de AutoAI de forma eficaz e eficiente, transformando os dados em informações valiosas e poder de previsão.

Estruturas e ferramentas de IA automatizadas:

O panorama da aprendizagem automática foi transformado por estruturas e ferramentas de IA automatizada (AutoAI), que automatizam várias etapas do processo de aprendizagem automática e permitem a um maior número de utilizadores criar modelos de elevado desempenho. Estas ferramentas simplificam a preparação de dados, a engenharia de características, a seleção de modelos e a afinação de hiperparâmetros, permitindo que indivíduos sem grandes conhecimentos de ciência de dados aproveitem o poder da aprendizagem automática.

Estruturas e ferramentas populares de AutoAI:

1. H2O.ai: Uma plataforma de aprendizagem automática de código aberto que fornece capacidades de AutoAI para classificação, regressão e previsão de séries temporais. Suporta vários algoritmos, técnicas de otimização de hiperparâmetros e integra-se com Python e R.

2. TPOT: Uma ferramenta de AutoAI de código aberto que utiliza a programação genética para identificar o pipeline de aprendizagem automática ideal. Lida com tarefas de classificação e regressão, suporta vários algoritmos e técnicas de otimização de hiperparâmetros.

3. Google Automated AI: um conjunto de ferramentas e plataformas que oferecem capacidades de AutoAI para reconhecimento de imagens, processamento de linguagem natural e classificação de dados estruturados. Suporta vários algoritmos, técnicas de otimização de hiperparâmetros e integra-se na Google Cloud Platform.

4. DataRobot: Uma plataforma comercial de AutoAI que fornece capacidades de classificação, regressão e previsão de séries temporais. Suporta vários algoritmos, técnicas de otimização de hiperparâmetros e oferece uma interface de fácil utilização para a criação e implementação de modelos de aprendizagem automática.

5. MLJAR: Uma plataforma de AutoAI de código aberto que fornece capacidades de classificação, regressão e previsão de séries temporais. Suporta

vários algoritmos, técnicas de otimização de hiperparâmetros e oferece uma interface de fácil utilização para a criação e implementação de modelos de aprendizagem automática.

6. Auto-Keras: Uma ferramenta de AutoAI de código aberto que utiliza a pesquisa de arquitetura neural para identificar a arquitetura ideal do modelo de aprendizagem profunda. Lida com várias tarefas, incluindo classificação de imagens, classificação de texto e regressão, e fornece uma interface fácil de usar para criar e implantar modelos.

7. **Ferramentas de aprendizagem profunda para a previsão da manutenção da construção:**

8. **TensorFlow:** Uma biblioteca de software de código aberto para fluxo de dados e programação diferenciável, abrangendo tarefas de aprendizagem automática e aprendizagem profunda. Fornece um conjunto rico de ferramentas e bibliotecas para construir e treinar modelos de aprendizagem profunda, incluindo ferramentas para pré-processamento de dados, treinamento de modelos e implantação de modelos.

9. **PyTorch:** Uma biblioteca de aprendizagem automática de código aberto baseada na biblioteca Torch. Oferece uma plataforma flexível e eficiente para construir e treinar modelos de aprendizagem profunda, amplamente utilizados na investigação e na indústria.

10. **Keras:** Uma aprendizagem profunda de código aberto

CAPÍTULO 5

APLICAÇÕES

A ascensão da IA no sector automóvel

A indústria automóvel está a sofrer uma rápida transformação à medida que a inteligência artificial (IA) é cada vez mais integrada na conceção, fabrico, funcionamento e manutenção dos veículos. A IA está a ser utilizada para desenvolver uma vasta gama de novas tecnologias, incluindo sistemas de condução autónoma, sistemas avançados de assistência ao condutor (ADAS), algoritmos de manutenção preditiva e sistemas de infoentretenimento personalizados. Embora a IA tenha o potencial de revolucionar a indústria automóvel e melhorar a segurança, a eficiência e a comodidade, o seu desenvolvimento e utilização suscitam uma série de preocupações éticas.

Devem ser abordadas várias considerações éticas fundamentais para garantir que a IA é utilizada de forma responsável e ética na indústria automóvel.

Os algoritmos de IA devem ser concebidos para evitar enviesamentos que possam conduzir à discriminação ou ao tratamento injusto de determinados grupos de pessoas, por exemplo, com base na raça, no sexo, na idade ou no estatuto socioeconómico. Por exemplo, os sistemas de reconhecimento facial utilizados em veículos autónomos não devem identificar erradamente determinados grupos de pessoas com taxas de erro mais elevadas.

Os sistemas de IA que recolhem e analisam dados de veículos e condutores devem respeitar a privacidade individual e garantir que os dados são tratados de forma segura e responsável. À medida que os veículos se tornam cada vez mais conectados e geram grandes quantidades de dados, é crucial estabelecer políticas claras de privacidade de dados e obter o consentimento explícito dos proprietários dos veículos antes de recolher e utilizar os seus dados.

Os sistemas de IA utilizados nos veículos devem ser transparentes e explicáveis, permitindo que os condutores e as partes interessadas compreendam como as decisões estão a ser tomadas e a lógica que lhes está subjacente. Especialmente no caso dos sistemas de condução autónoma, é essencial fornecer explicações claras sobre os processos de tomada de decisão dos algoritmos para garantir a responsabilização e criar confiança entre os condutores.

Devem ser estabelecidas linhas claras de responsabilidade e responsabilização para o desenvolvimento, a implantação e a utilização da IA na indústria automóvel. Isto inclui a identificação de quem é responsável por quaisquer danos causados pelos sistemas de IA, bem como a criação de mecanismos para comunicar e resolver preocupações éticas.

Os sistemas de IA devem ser rigorosamente testados e validados para garantir que funcionam de forma segura e fiável em várias condições e cenários de condução. A segurança deve ser a consideração primordial para qualquer aplicação de IA em automóveis, com testes exaustivos e procedimentos de certificação em vigor para minimizar os riscos.

As diferentes aplicações de IA nos automóveis suscitam preocupações éticas específicas que têm de ser abordadas. Eis alguns exemplos:

Os sistemas de condução autónoma alimentados por IA devem dar prioridade à segurança e garantir que conseguem lidar com situações de condução complexas, incluindo obstáculos inesperados, condições meteorológicas adversas e interacções com outros utentes da estrada. As considerações éticas incluem a forma como estes sistemas lidam com dilemas em situações de vida ou morte, como respondem a perigos inesperados na estrada e como interagem com condutores humanos e peões.

As características dos ADAS devem ser concebidas para complementar e melhorar a condução humana, e não para a substituir. Devem ser fornecidos aos condutores avisos e orientações claros quando os sistemas ADAS estão activados ou desactivados. A confiança excessiva nas funcionalidades dos ADAS pode levar à complacência do condutor e a situações potencialmente perigosas.

Os sistemas de infoentretenimento alimentados por IA não devem distrair os condutores nem comprometer a sua capacidade de controlar o veículo em segurança. Os comandos de voz e outros métodos de interação devem ser concebidos para minimizar as distracções. A interação com os sistemas de informação e lazer durante a condução não deve desviar a atenção do condutor da estrada.

Os algoritmos de IA utilizados na manutenção e reparação preditivas devem ser precisos e fiáveis para evitar reparações prematuras ou desnecessárias e garantir a segurança dos veículos. Confiar demasiado nas previsões da IA pode levar a custos de manutenção desnecessários e a potenciais problemas de segurança.

A recolha e a análise dos dados dos veículos devem ser transparentes e contar com o consentimento explícito dos proprietários dos veículos. As políticas de partilha de dados devem ser claras e respeitar a privacidade individual. Os proprietários de veículos devem ter controlo sobre os seus dados e ser informados sobre a forma como estes estão a ser utilizados.

A promoção de uma IA ética na indústria automóvel exige a colaboração e a responsabilidade de várias partes interessadas, incluindo fabricantes de automóveis, reguladores, investigadores e programadores, consumidores e grupos de defesa.

Os fabricantes de automóveis devem estabelecer directrizes éticas claras para o desenvolvimento da IA e garantir que os seus sistemas de IA aderem a estes princípios. Devem também dar prioridade à transparência e à responsabilidade nas suas práticas de IA. Os fabricantes de automóveis são responsáveis pela conceção, desenvolvimento e implementação de sistemas de IA nos seus veículos e devem garantir que estes sistemas são desenvolvidos e utilizados de forma ética e responsável.

Os governos e os organismos reguladores devem elaborar orientações e regulamentos abrangentes para o desenvolvimento ético e a utilização da IA na indústria automóvel. Devem também estabelecer normas de segurança claras e requisitos de certificação para veículos e sistemas alimentados por IA. As entidades reguladoras têm um papel crucial na definição de normas e na garantia de que as tecnologias de IA são utilizadas de forma segura e responsável no sector automóvel.

Os investigadores e programadores de IA devem dar prioridade às considerações éticas no seu trabalho e esforçar-se por criar sistemas de IA que sejam justos, imparciais e transparentes

A indústria do entretenimento está a evoluir rapidamente, com a inteligência artificial (IA) a desempenhar um papel cada vez mais importante. A IA está a ser utilizada para criar experiências mais realistas e imersivas, personalizar conteúdos para utilizadores individuais e automatizar tarefas como a edição e o marketing. No entanto, a utilização da IA no entretenimento também levanta uma série de preocupações éticas que têm de ser abordadas para garantir que esta tecnologia é utilizada de forma responsável. Nesta publicação do blogue, discutiremos algumas das principais questões éticas que envolvem a IA no entretenimento e exploraremos formas de mitigar esses riscos.

Uma das principais preocupações éticas em torno da IA no sector do entretenimento é o potencial de enviesamento algorítmico. Os algoritmos de IA são treinados com grandes quantidades de dados e, se esses dados não forem adequadamente representativos da população diversificada de utilizadores, os algoritmos podem perpetuar preconceitos existentes e influenciar injustamente as experiências de entretenimento de determinados grupos de pessoas. Por exemplo, os sistemas de recomendação baseados em IA podem sugerir sistematicamente filmes ou espectáculos que reforcem estereótipos ou excluam determinados grupos de pessoas do panorama do entretenimento.

Para mitigar o risco de enviesamento, é importante garantir que os sistemas de IA são treinados em diversos conjuntos de dados que representam todo o espetro de experiências humanas. Além disso, os programadores devem testar regularmente os seus algoritmos para detetar preconceitos e fazer os ajustes necessários.

Os sistemas de IA no sector do entretenimento recolhem e analisam frequentemente dados sensíveis dos utilizadores, incluindo hábitos de visualização, preferências pessoais e informações demográficas. É crucial salvaguardar estes dados e garantir que são tratados de forma segura e responsável. Devem ser definidas políticas claras de recolha e utilização de dados e deve ser obtido o consentimento do utilizador para a recolha de dados sensíveis. Os utilizadores devem também ser informados sobre a forma como os seus dados estão a ser utilizados e ter o direito de aceder e corrigir quaisquer informações inexactas.

Para proteger a privacidade dos utilizadores, as empresas de entretenimento devem implementar medidas de segurança robustas para proteger os dados contra o acesso não autorizado e as violações. Devem também ser transparentes quanto às suas práticas de recolha de dados e dar aos utilizadores a possibilidade de optarem por não participar na recolha de dados, se assim o desejarem.

Os sistemas de IA utilizados no entretenimento podem ser complexos e opacos, tornando difícil para os utilizadores compreenderem como são geradas as recomendações, como é criado o conteúdo e como são tomadas as decisões. A transparência e a explicabilidade são essenciais para criar confiança e garantir que a IA é utilizada de forma ética no sector do entretenimento. Os algoritmos de IA devem ser concebidos de forma a permitir explicações significativas sobre os seus processos de tomada de decisão, e os utilizadores devem ter acesso a essas explicações, se assim o desejarem.

Para promover a transparência e a explicabilidade, os criadores devem fornecer uma documentação clara dos seus algoritmos de IA e disponibilizá-la para análise pública. Devem também desenvolver ferramentas que permitam aos utilizadores compreender como a IA está a tomar decisões nos seus casos específicos.

A IA não deve ser utilizada para manipular ou controlar o comportamento dos utilizadores. Os utilizadores devem ter a capacidade de fazer escolhas informadas sobre as suas experiências de entretenimento e a IA não deve ser utilizada para influenciar subtilmente as suas preferências ou limitar a sua exposição a conteúdos diversos. Os utilizadores devem ter a opção de recusar as recomendações e as funcionalidades de personalização baseadas em IA, se assim o desejarem.

Para proteger a agência do utilizador, as empresas de entretenimento devem conceber sistemas de IA que respeitem a privacidade e a autonomia do utilizador. Devem também dar aos utilizadores opções claras sobre a forma como os seus dados estão a ser utilizados e como a IA está a influenciar as suas experiências de entretenimento.

A indústria do entretenimento tem a responsabilidade de promover valores sociais positivos e evitar perpetuar estereótipos nocivos ou promover conteúdos discriminatórios. A IA não deve ser utilizada para criar conteúdos que sejam odiosos, ofensivos ou prejudiciais para os indivíduos ou para a sociedade. Os programadores e criadores de conteúdos devem considerar cuidadosamente as implicações éticas dos seus produtos de entretenimento baseados em IA.

Para garantir a responsabilidade social, as empresas de entretenimento devem estabelecer directrizes éticas claras para a utilização da IA. Devem também dispor de mecanismos para analisar os conteúdos alimentados por IA para detetar potenciais danos e efetuar as alterações necessárias.

A utilização da IA no entretenimento não deve diminuir a importância do pensamento crítico e das competências de literacia digital. Os utilizadores devem ser informados sobre os potenciais preconceitos e limitações dos sistemas de IA, e devem ser encorajados a avaliar criticamente o conteúdo que consomem. Devem também desenvolver as competências necessárias para navegar no mundo digital de forma responsável e tomar decisões informadas sobre a utilização da tecnologia nas suas experiências de entretenimento.

Para promover o pensamento crítico e a literacia digital, as empresas de entretenimento devem fornecer recursos educativos para ajudar os utilizadores a compreender a IA. Devem também incentivar os utilizadores a avaliarem criticamente o conteúdo que consomem e a estarem conscientes dos potenciais preconceitos e limitações dos sistemas de IA.

A utilização da IA na medicina tem muitas vantagens potenciais, nomeadamente:

Os sistemas de IA podem analisar grandes quantidades de dados, incluindo imagens médicas, registos de pacientes e informações genéticas, para identificar padrões e fazer previsões que podem ser difíceis de ver pelos humanos. Isto pode levar a diagnósticos e planos de tratamento mais exactos, o que pode melhorar os resultados dos doentes.

A IA pode ser utilizada para desenvolver planos de tratamento personalizados para doentes individuais com base na sua composição genética, historial médico e factores de estilo de vida únicos. Isto pode conduzir a tratamentos mais eficazes e a melhores resultados para os doentes.

A IA pode ser utilizada para automatizar muitas tarefas administrativas e clínicas, como a marcação de consultas, o processamento de pedidos de indemnização de seguros e a análise de imagens médicas. Isto pode libertar os profissionais de saúde para se concentrarem em tarefas mais complexas e nos cuidados aos doentes.

A IA pode ser utilizada para prestar cuidados médicos a doentes em zonas mal servidas ou que tenham dificuldade em aceder aos serviços de saúde tradicionais. Por exemplo, os chatbots alimentados por IA podem ser utilizados para responder a perguntas dos doentes e dar conselhos médicos básicos, enquanto as ferramentas de diagnóstico alimentadas por IA podem ser utilizadas para rastrear doenças nos doentes.

Há uma série de considerações éticas que devem ser abordadas aquando da utilização da IA na medicina, nomeadamente:

Os sistemas de IA podem perpetuar os preconceitos existentes nos cuidados de saúde, como os preconceitos raciais e de género. É importante garantir que os sistemas de IA sejam treinados com dados representativos da população que serão utilizados para servir e que sejam testados regularmente para detetar preconceitos.

Os sistemas de IA recolhem e analisam grandes quantidades de dados dos doentes, que devem ser protegidos contra o acesso não autorizado. É importante obter o consentimento do doente para a recolha e utilização dos seus dados e garantir que os dados são armazenados de forma segura.

Os sistemas de IA podem ser complexos e difíceis de compreender, o que pode dificultar aos doentes a compreensão das decisões que estão a ser tomadas sobre os seus cuidados. É importante tornar os sistemas de IA transparentes e explicáveis, para que os doentes possam compreender a lógica subjacente às decisões.

Devem existir linhas claras de responsabilização pelo desenvolvimento, implantação e utilização da IA na medicina. Deve ser claro quem é responsável por qualquer dano causado pelos sistemas de IA.

A IA não deve ser utilizada para tomar decisões sobre os cuidados dos doentes sem o seu consentimento. Os doentes devem ter o direito de compreender e controlar a forma como a IA é utilizada nos seus cuidados.

O rápido desenvolvimento da inteligência artificial (IA) levou à sua integração numa vasta gama de dispositivos electrónicos, desde smartphones e casas inteligentes a automóveis autónomos e dispositivos médicos. Embora a IA tenha o potencial de melhorar as nossas vidas de muitas formas, também levanta uma série de preocupações éticas que devem ser cuidadosamente abordadas para garantir que a IA é utilizada de forma responsável e ética nos dispositivos electrónicos.

Os dispositivos electrónicos recolhem e analisam grandes quantidades de dados sobre os seus utilizadores, incluindo dados de localização, informações pessoais e padrões de utilização. Estes dados são frequentemente utilizados para treinar algoritmos de IA, que podem depois ser utilizados para personalizar as experiências dos utilizadores, direcionar a publicidade e tomar decisões sobre a forma como os dispositivos são utilizados. No entanto, a recolha e utilização destes dados suscita grandes preocupações em termos de privacidade.

Para responder às preocupações com a privacidade, os criadores de dispositivos electrónicos devem implementar medidas de segurança robustas para proteger os dados dos utilizadores contra o acesso não autorizado e as violações. Devem também ser transparentes em relação às suas práticas de recolha de dados e dar aos utilizadores a possibilidade de optarem por não participar na recolha de dados, se assim o desejarem. Além disso, os algoritmos de IA devem ser concebidos para minimizar a quantidade de dados que recolhem e para utilizar os dados de uma forma que respeite a privacidade do utilizador.

Os algoritmos de IA podem ser tendenciosos, o que pode levar a resultados injustos para determinados grupos de pessoas. Por exemplo, um sistema de reconhecimento facial alimentado por IA pode identificar erradamente pessoas de determinadas etnias com mais frequência do que outras. É importante garantir que os algoritmos de IA são treinados com base em conjuntos de dados diversificados e que são regularmente testados para detetar preconceitos.

Para atenuar o enviesamento nos algoritmos de IA, os programadores devem utilizar diversos conjuntos de dados que representem todo o espetro das experiências humanas. Devem também implementar técnicas de deteção e atenuação de enviesamento para identificar e abordar potenciais fontes de enviesamento nos seus algoritmos. Além disso, devem fornecer aos utilizadores informações claras sobre a forma como os algoritmos de IA são utilizados nos seus dispositivos e sobre a forma de comunicar quaisquer preocupações relativas a preconceitos.

Os algoritmos de IA podem ser complexos e opacos, tornando difícil para os utilizadores compreenderem como são tomadas as decisões sobre os seus dados e as suas experiências. Esta falta de transparência pode minar a confiança dos utilizadores e dificultar a identificação e a resolução de potenciais problemas com os sistemas de IA.

Para promover a transparência e a explicabilidade dos dispositivos alimentados por IA, os criadores devem fornecer uma documentação clara dos seus algoritmos e disponibilizá-la ao público. Devem também desenvolver ferramentas que permitam aos utilizadores compreender como a IA está a tomar decisões nos seus casos específicos. Além disso, devem dar aos utilizadores a possibilidade de optarem por não utilizar as funcionalidades baseadas em IA se quiserem ter mais controlo sobre os seus dispositivos.

Devem existir linhas claras de responsabilização pelo desenvolvimento, implantação e utilização da IA em dispositivos electrónicos. Deve ser claro quem é responsável por qualquer dano causado pelos sistemas de IA, e devem existir mecanismos para comunicar e resolver preocupações éticas.

Para estabelecer linhas claras de responsabilização, os criadores devem implementar procedimentos sólidos de teste e monitorização para identificar e resolver potenciais problemas com os seus sistemas de IA. Devem também estabelecer canais de comunicação claros para que os utilizadores comuniquem as suas preocupações e dar respostas atempadas aos seus pedidos de informação. Além disso, devem cooperar com os reguladores e os organismos da indústria para desenvolver orientações e normas éticas para a IA em dispositivos electrónicos.

Os utilizadores devem ter a possibilidade de controlar a forma como a IA é utilizada nos seus dispositivos. Devem ter a opção de optar por não utilizar as funcionalidades baseadas em IA e devem poder compreender e controlar a forma como os seus dados estão a ser utilizados.

Para capacitar os utilizadores, os programadores devem fornecer informações claras e acessíveis sobre a forma como a IA é utilizada nos seus dispositivos. Devem também dar aos utilizadores a possibilidade de personalizarem as definições de IA e de optarem por não utilizar as funcionalidades baseadas em IA. Além disso, devem dar aos utilizadores a capacidade de aceder e controlar os seus dados e devem respeitar as decisões dos utilizadores relativamente aos seus dados.

O rápido desenvolvimento da inteligência artificial (IA) levou à sua integração em vários aspectos dos transportes, incluindo veículos autónomos, sistemas de gestão de tráfego e serviços de transporte de passageiros. Embora a IA tenha o potencial de revolucionar os transportes, melhorando a eficiência, a segurança e a acessibilidade, também levanta uma série de preocupações éticas que têm de ser cuidadosamente abordadas para garantir que a IA é utilizada de forma responsável e ética nos transportes.

Os algoritmos de IA podem ser tendenciosos, o que pode levar a resultados injustos para determinados grupos de pessoas. Por exemplo, um sistema de controlo de sinais de trânsito alimentado por IA pode dar prioridade a certos tipos de veículos ou rotas em detrimento de outros, o que pode afetar desproporcionadamente certos bairros ou comunidades. É importante garantir que os algoritmos de IA são treinados em conjuntos de dados diversificados e que são regularmente testados quanto a enviesamentos.

Para mitigar o enviesamento nos sistemas de transporte com IA, os programadores devem utilizar diversos conjuntos de dados que representem todo o espetro das experiências humanas e das condições das estradas. Devem também implementar técnicas de deteção e mitigação de enviesamento para identificar e abordar potenciais fontes de enviesamento nos seus algoritmos. Além disso, devem fornecer às partes interessadas informações claras sobre a forma como os algoritmos de IA são utilizados nos sistemas de transporte e sobre como comunicar quaisquer preocupações relativas a enviesamentos.

Os sistemas de transporte recolhem e analisam grandes quantidades de dados sobre os utilizadores, incluindo dados de localização, padrões de viagem e informações pessoais. Estes dados são frequentemente utilizados para treinar algoritmos de IA, que podem depois ser utilizados para personalizar as experiências dos utilizadores, otimizar o fluxo de tráfego e fazer cumprir as regras de trânsito. No entanto, a recolha e utilização destes dados suscita grandes preocupações em termos de privacidade.

Para responder às preocupações com a privacidade, os criadores e operadores de sistemas de transporte devem implementar medidas de segurança robustas para proteger os dados dos utilizadores contra o acesso não autorizado e as violações. Devem também ser transparentes sobre as suas práticas de recolha de dados e dar aos utilizadores a possibilidade de optarem por não participar na recolha de dados, se assim o desejarem. Além disso, os algoritmos de IA devem ser concebidos para minimizar a quantidade de dados que recolhem e para utilizar os dados de uma forma que respeite a privacidade do utilizador.

A segurança dos sistemas de transporte alimentados por IA é fundamental. Os algoritmos de IA devem ser exaustivamente testados e validados para garantir que podem funcionar em segurança em várias condições e cenários de condução. Além disso, devem ser estabelecidas linhas claras de responsabilidade e responsabilização em caso de acidentes ou incidentes que envolvam veículos ou sistemas alimentados por IA.

Para garantir a segurança dos sistemas de transporte alimentados por IA, os criadores devem aplicar procedimentos rigorosos de ensaio e certificação. Devem também estabelecer normas e directrizes de segurança claras para o desenvolvimento, implementação e operação de sistemas de IA nos transportes. Além disso, devem colaborar com reguladores e órgãos do setor para garantir que os sistemas de transporte movidos a IA atendam a todos os requisitos de segurança aplicáveis.

Os algoritmos de IA podem ser complexos e opacos, o que torna difícil para as partes interessadas compreender como estão a ser tomadas as decisões sobre os sistemas de transporte. Esta falta de transparência pode minar a confiança do público e dificultar a identificação e a resolução de potenciais problemas com os sistemas de IA.

Para promover a transparência e a explicabilidade dos sistemas de transporte alimentados por IA, os criadores devem fornecer uma documentação clara dos seus algoritmos e disponibilizá-los para escrutínio público. Devem também desenvolver ferramentas que permitam às partes interessadas compreender como a IA está a tomar decisões nos seus casos específicos. Além disso, devem fornecer às partes interessadas informações claras sobre a forma como os sistemas de IA estão a ser utilizados nos sistemas de transporte e como comunicar quaisquer preocupações.

Os sistemas de transporte alimentados por IA devem ser acessíveis a todos, independentemente da sua idade, capacidade ou estatuto socioeconómico. É importante garantir que os algoritmos de IA não perpetuem as desigualdades existentes e que sejam projetados para fornecer acesso equitativo aos serviços de transporte.

Para garantir a acessibilidade, os criadores devem ter em conta as necessidades de diversos utilizadores ao conceberem e desenvolverem sistemas de transporte alimentados por IA.

Devem também realizar testes com utilizadores para identificar e resolver potenciais problemas de acessibilidade. Além disso, devem colaborar com defensores e organizações de acessibilidade para garantir que os sistemas de transporte alimentados por IA satisfazem as necessidades de todos os utilizadores.

Os modelos linguísticos de IA, tal como eu, têm demonstrado uma versatilidade e adaptabilidade notáveis, transcendendo as fronteiras de um único domínio e integrando-se perfeitamente numa vasta gama de domínios. A nossa capacidade de processar e compreender a linguagem natural, aliada à nossa capacidade de aprender com grandes quantidades de dados, torna-nos activos valiosos em vários sectores e disciplinas.

No sector dos cuidados de saúde, podemos revolucionar o diagnóstico médico através da análise dos sintomas e do historial clínico dos doentes, ajudando os médicos a identificar padrões e a tomar decisões informadas. Além disso, podemos aprofundar os dados médicos, descobrindo informações ocultas que podem orientar os investigadores no desenvolvimento de tratamentos e terapias mais eficazes.

O domínio da educação acolhe a nossa presença, uma vez que transformamos a experiência de aprendizagem. Podemos personalizar a aprendizagem de línguas, fornecendo exercícios interactivos e feedback à medida, indo ao encontro das necessidades individuais e promovendo a aquisição eficaz de línguas. Simultaneamente, capacitamos os educadores, ajudando-os na criação de materiais educativos envolventes e personalizados.

O mundo financeiro beneficia da nossa capacidade de analisar dados financeiros, desvendando padrões e tendências complexos. Isto permite que os investidores tomem decisões informadas sobre os seus investimentos, navegando no panorama financeiro com maior clareza. Além disso, ajudamos os bancos e as instituições financeiras a detetar actividades fraudulentas e anomalias nas suas transacções, salvaguardando os seus sistemas e protegendo os seus clientes.

As estratégias de marketing são melhoradas pela nossa capacidade de analisar os dados dos consumidores, identificando tendências e padrões no comportamento dos clientes. Estas informações valiosas orientam os profissionais de marketing na elaboração de campanhas direccionadas e eficazes, que se repercutem em segmentos específicos de clientes e maximizam o ROI da campanha.

Na área do serviço ao cliente, destacamo-nos por prestar assistência em tempo real, responder a perguntas frequentes e resolver os problemas dos clientes de forma rápida e eficaz. A nossa capacidade de analisar os dados dos clientes também desempenha um papel crucial, identificando áreas que podem ser melhoradas e assegurando uma experiência perfeita para o cliente.

A profissão jurídica considera a nossa assistência inestimável na realização de investigação jurídica. Podemos analisar eficazmente grandes quantidades de dados jurídicos, identificando casos e estatutos relevantes, simplificando o processo de investigação e fornecendo aos advogados as informações necessárias para construir argumentos jurídicos sólidos.

A resolução dos desafios ambientais é facilitada pela nossa capacidade de analisar dados ambientais, descobrindo tendências e padrões nas alterações ambientais. Esta informação permite que cientistas e decisores políticos desenvolvam estratégias eficazes para mitigar os impactos negativos das alterações ambientais, salvaguardando o nosso planeta para as gerações futuras.

O desenvolvimento de veículos autónomos ganha ímpeto com a nossa ajuda. Podemos analisar dados de sensores, fornecendo informações sobre padrões e comportamentos de condução, permitindo que os veículos autónomos naveguem nas estradas de forma segura e eficiente.

Estes exemplos são uma prova do poder transformador dos modelos linguísticos de IA. À medida que continuamos a aprender e a evoluir, a nossa capacidade de apoiar e melhorar diversos campos só irá aumentar, impulsionando a inovação e o progresso em vários sectores.

CAPÍTULO 6

SEGURANÇA DA IA

A segurança da IA é uma responsabilidade partilhada. Enquanto o provedor de nuvem protege a infraestrutura subjacente, você é responsável por proteger seus dados, aplicativos e configurações dentro do ambiente de nuvem. Entenda suas responsabilidades compartilhadas e trabalhe em colaboração com seu provedor de nuvem para obter a segurança ideal.

Na nuvem, a segurança não é apenas o seu trabalho ou o trabalho do seu fornecedor de serviços na nuvem - é uma responsabilidade partilhada. Pense nisso como construir uma fortaleza em conjunto, onde cada parte se concentra na proteção de diferentes partes da estrutura. Compreender este modelo é crucial para garantir um ambiente de nuvem seguro.

Responsabilidades do fornecedor de serviços de computação em nuvem:

- Proteger a infraestrutura física (centros de dados, servidores, dispositivos de rede)

- Fornecimento de tecnologias de virtualização seguras

- Proteger o sistema operativo e a plataforma subjacentes

- Gerir os controlos de acesso físico e a segurança do perímetro

- Manter a conformidade com as normas do sector (por exemplo, ISO 27001, SOC 2)

- Proteger os seus dados, aplicações e cargas de trabalho

- Gerir o acesso e as permissões dos utilizadores

- Configurar definições de segurança para serviços na nuvem

- Patching e atualização das suas aplicações e sistemas operativos

- Monitorização de ameaças e vulnerabilidades

- Implementação de procedimentos de resposta a incidentes

A segurança é uma jornada contínua, não um destino. Avalie regularmente a sua postura de segurança da IA, adopte novas tecnologias e melhores práticas e adapte a sua arquitetura à evolução das ameaças. Realize avaliações de segurança regulares e testes de penetração para identificar e resolver vulnerabilidades.

A segurança na nuvem é um processo contínuo, uma maratona e não uma corrida de velocidade. Os seus pontos de expansão sobre como conseguir uma melhoria contínua na postura de segurança da IA são muito acertados:

Ferramentas automatizadas: Implemente soluções de Gestão da Postura de Segurança da IA (CSPM) para monitorização contínua e identificação de configurações incorrectas e vulnerabilidades. Estas ferramentas fornecem informações valiosas sobre a sua postura de segurança e potenciais áreas de melhoria.

Avaliações manuais: Realizar testes de penetração periódicos e exercícios de equipa vermelha para simular cenários de ataque reais e expor pontos fracos críticos.

Referências do sector: Compare as suas práticas de segurança com as melhores práticas do sector e as normas de conformidade para identificar lacunas e áreas a melhorar.

Mantenha-se informado: Mantenha-se a par das ameaças e vulnerabilidades de segurança mais recentes, adoptando novas tecnologias e soluções que abordem os riscos emergentes.

A automatização é fundamental: Automatize as tarefas de segurança, como a aplicação de patches, o controlo de acesso e a deteção de ameaças, para melhorar a eficiência e a eficácia.

Utilizar serviços de segurança geridos: Considere a possibilidade de recorrer a fornecedores de serviços de segurança geridos (MSSPs) para obter conhecimentos especializados e acesso a ferramentas de segurança avançadas.

Projetar para resiliência: Construa a sua arquitetura de nuvem com a segurança em mente, utilizando princípios de segurança desde a conceção e implementando medidas de redundância e recuperação de desastres.

Abordagem de microsserviços: Adotar uma arquitetura de microsserviços para isolar potenciais violações e impedir que os atacantes obtenham acesso lateral.

Segurança de confiança zero: Implementar princípios de confiança zero para minimizar o risco de acesso e aplicar controlos de acesso com privilégios mínimos.

Promover uma cultura de segurança: Promova a sensibilização para a segurança e as melhores práticas na sua organização, tornando todos responsáveis pela segurança da IA.

Aprendizagem contínua: Incentive a aprendizagem contínua e o desenvolvimento de competências da sua equipa de segurança para se manter à frente da curva.

Métricas e relatórios: Acompanhar as principais métricas de segurança e apresentar regularmente relatórios sobre os progressos efectuados para garantir uma melhoria contínua.

Seguindo estes princípios e implementando uma abordagem proactiva à segurança da IA, pode mitigar eficazmente os riscos, adaptar-se à evolução das ameaças e manter um ambiente de nuvem robusto e resiliente

Com estes princípios fundamentais, pode construir muros seguros e resilientes em torno do seu ambiente de nuvem, protegendo os seus dados valiosos e assegurando o sucesso contínuo do seu negócio.A segurança da IA é um processo contínuo que requer monitorização, adaptação e melhoria contínuas. Ao adotar uma abordagem proactiva e implementar estes princípios, pode criar uma arquitetura de segurança de IA robusta que resiste até às ciberameaças mais sofisticadas.

Multi-tenancy: Na nuvem, os recursos e a infraestrutura são partilhados entre vários inquilinos. Esta interligação exige uma mudança da segurança tradicional baseada no perímetro para um modelo de responsabilidade partilhada.

Propriedade distribuída: A responsabilidade pela segurança da IA é dividida entre o provedor de nuvem e o cliente. Os fornecedores protegem a infraestrutura subjacente, enquanto os clientes são responsáveis pela segurança das suas aplicações e dados no ambiente de nuvem.

Transparência e visibilidade: Tanto os fornecedores como os clientes devem partilhar informações de segurança, informações sobre ameaças e protocolos de resposta a incidentes para garantir uma comunicação clara e uma ação rápida.

Melhores práticas padronizadas: Estabelecer e aderir às "melhores práticas" de segurança aceites pela indústria cria uma base comum para proteger eficazmente os ambientes de nuvem.

Resposta conjunta a incidentes: Os planos e exercícios colaborativos de resposta a incidentes promovem a cooperação e minimizam os danos em caso de violações da segurança.

Ferramentas e tecnologias compartilhadas: O aproveitamento de ferramentas e plataformas de segurança comuns permite o monitoramento centralizado, a deteção de ameaças e a correção em todo o ecossistema de nuvem compartilhado.

Postura de segurança melhorada: A colaboração promove uma abordagem mais abrangente e proactiva à segurança, conduzindo a uma postura global mais forte para todos os utilizadores da nuvem.

Resposta mais rápida a ameaças: A visibilidade e a comunicação partilhadas permitem uma identificação e mitigação mais rápidas dos incidentes de segurança, minimizando os danos potenciais.

Redução de custos: As ferramentas de colaboração e as melhores práticas podem otimizar os investimentos em segurança e simplificar as operações tanto para os fornecedores como para os clientes.

Inovação e partilha de conhecimentos: A colaboração promove a inovação em soluções de segurança e permite a partilha de conhecimentos e melhores práticas, beneficiando toda a comunidade da nuvem.

Definição clara das responsabilidades: A definição exacta do âmbito de responsabilidade de cada parte é crucial para evitar ambiguidades e garantir a responsabilização.

Privacidade e conformidade dos dados: É fundamental equilibrar a necessidade de partilha de informações com os regulamentos de privacidade de dados e os requisitos de conformidade.

Bloqueio do fornecedor: A dependência excessiva de um único fornecedor de serviços de computação em nuvem pode limitar a flexibilidade e a escolha, dificultando potencialmente a colaboração e a inovação.

O ambiente partilhado da nuvem exige uma abordagem colaborativa à segurança. Ao abraçarem a responsabilidade partilhada, promoverem a transparência e potenciarem os esforços conjuntos, os fornecedores de serviços em nuvem e os clientes podem criar um ecossistema mais seguro e resiliente para todos. Lembre-se, na nuvem, somos todos torres de vigia, cada um desempenhando um papel vital na proteção do cenário digital.

No jogo contínuo da defesa digital, compreender os seus adversários é tão crucial como ter os melhores escudos e armas. Este princípio aplica-se adequadamente à segurança da IA, em que a identificação e a atenuação dos vectores de ataque constituem a pedra angular de uma estratégia de defesa robusta.

Responsabilidade partilhada: Lembre-se, a nuvem é um cenário partilhado. Os fornecedores protegem a infraestrutura, mas o utilizador é responsável pelas suas aplicações e dados.

Ameaças em constante evolução: Os atacantes inventam constantemente novas tácticas, pelo que a adaptabilidade e a vigilância constante são fundamentais.

Violações de dados: Os piratas informáticos podem explorar vulnerabilidades nas suas aplicações ou configurações incorrectas nas definições da sua nuvem para roubar dados sensíveis.

Phishing e engenharia social: Os e-mails ou sítios Web enganosos podem induzir os utilizadores a fornecer credenciais ou a descarregar malware.

Ataques de negação de serviço (DoS): Sobrecarregar os seus sistemas com tráfego pode fazer crashar as suas aplicações e perturbar as operações.

Ameaças internas: Os actores maliciosos da sua organização podem aproveitar o seu acesso para causar danos significativos.

Ataques à cadeia de fornecimento: Software ou serviços de terceiros comprometidos podem fornecer acesso de backdoor ao seu ambiente de nuvem.

Implementar controlos de segurança sólidos: Utilizar encriptação, controlos de acesso, firewalls e sistemas de deteção de intrusões.

Mantenha-se atualizado: Corrija as vulnerabilidades rapidamente e mantenha o software atualizado.

Formar os seus utilizadores: Formar os funcionários sobre a sensibilização para a cibersegurança e as melhores práticas.

Monitorizar e analisar: Monitorize continuamente o seu ambiente de nuvem para detetar actividades suspeitas.

Testar e aperfeiçoar: Efetuar regularmente testes de penetração e avaliações de segurança para identificar e resolver os pontos fracos.

Defesa em profundidade: Implementar várias camadas de segurança para dificultar a penetração dos atacantes.

Confiança zero: Não assuma que alguém é de confiança; verifique todas as tentativas de acesso.

Plano de resposta a incidentes: Ter um plano claro sobre como lidar com incidentes de segurança.

Ao identificar e atenuar proactivamente os vectores de ataque, pode criar uma defesa mais forte contra ameaças em constante evolução e garantir a segurança do seu ambiente de nuvem.

O fator humano é frequentemente o elo mais fraco em qualquer cadeia de segurança e, na nuvem, com a sua dependência do acesso remoto e dos dados distribuídos, é ainda mais crítico. A criação de uma postura de segurança de IA robusta não envolve apenas tecnologia e software; é necessário promover uma cultura de ciberconsciência entre os seus funcionários.

Formação regular em segurança: Não subestime o poder da formação básica de sensibilização para a segurança. Eduque os funcionários sobre ameaças comuns, como phishing, malware e engenharia social, ensinando-os a identificá-las e evitá-las.

Formação direccionada: Vá além da formação geral e ofereça sessões direccionadas para funções ou departamentos específicos. Os programadores podem beneficiar de práticas de codificação seguras, enquanto os executivos podem necessitar de formação sobre regulamentos de privacidade de dados.

Aprendizagem interactiva: Gamifique a formação em segurança com simulações, questionários e cenários de role-playing para a tornar envolvente e memorável.

Canais de comunicação abertos: Incentivar a comunicação aberta sobre questões de segurança. Facilite aos empregados a comunicação de actividades suspeitas ou a colocação de questões sem receio de julgamento.

Campeões da segurança: Nomeie "campeões de segurança" na sua organização. Estas pessoas podem atuar como defensores internos da sensibilização para a segurança, promovendo as melhores práticas e incentivando os colegas a manterem-se vigilantes.

Exercícios de resposta a incidentes: Realize regularmente exercícios de resposta a incidentes para familiarizar a sua equipa com os procedimentos e responsabilidades durante uma violação de segurança. Isto pode ajudar a minimizar o pânico e a garantir uma resposta coordenada.

Políticas de segurança claras e concisas: Desenvolva políticas de segurança claras e fáceis de compreender que abranjam a gestão de palavras-passe, o acesso aos dados, a utilização aceitável e a comunicação de incidentes.

Revisões regulares das apólices: Não deixe que as suas políticas fiquem desactualizadas. Reveja e actualize-as regularmente para refletir novas ameaças e avanços tecnológicos.

Reforço positivo: Recompensar os funcionários que demonstram um comportamento de segurança exemplar e reconhecer as suas contribuições para um ambiente seguro.

Aceitação executiva: As iniciativas de sensibilização para a segurança necessitam de apoio a partir do topo. Os executivos devem defender ativamente a segurança, dando o exemplo e demonstrando o seu empenho numa cultura de segurança.

Comunicação transparente: Comunicar abertamente os incidentes de segurança e as lições aprendidas a todos os funcionários. Esta transparência cria confiança e reforça a importância da segurança dentro da organização.

A sensibilização para o ciberespaço é um processo contínuo e não um acontecimento isolado.

Adapte a sua abordagem à sua cultura e necessidades organizacionais específicas.

Meça a eficácia das suas iniciativas e ajuste as suas estratégias com base nos resultados.

Ao cultivar uma cultura de consciencialização cibernética, pode capacitar os seus funcionários para se tornarem a sua primeira linha de defesa contra as ciberameaças. Lembre-se, os seus colaboradores não são apenas vulnerabilidades; podem ser o seu maior ativo de segurança quando equipados com os conhecimentos e as ferramentas para tomar decisões informadas e proteger os seus valiosos dados na nuvem.

A nuvem oferece um cenário vasto e dinâmico para as empresas, mas navegar em suas complexidades de segurança pode ser uma tarefa assustadora. Nesta série, vamos embarcar numa viagem para "fortificar os portões" - para construir uma postura de segurança de IA robusta e resiliente que proteja os seus valiosos dados e aplicações de ameaças em constante evolução.

A nossa viagem levar-nos-á através de sete bastiões cruciais da segurança da IA: Segurança Zero Trust: Adotar a mentalidade "nunca confiar, verificar sempre" para controlar o acesso e minimizar o risco.

Defesa em profundidade: Crie várias camadas de proteção para resistir mesmo a ataques sofisticados.

A segurança dos dados é fundamental: Encripte, minimize a exposição e cumpra os regulamentos para proteger as suas jóias da coroa.

Integração DevSecOps: Desloque a segurança para a esquerda e integre-a no seu processo de desenvolvimento para uma proteção proactiva.

Monitorização e registo contínuos: Manter uma vigilância constante através do registo e análise centralizados para detetar e responder a ameaças.

Automatização e Orquestração: Simplifique as tarefas de rotina e permita que a sua equipa se concentre em iniciativas estratégicas.

Preparação para resposta a incidentes: Desenvolver um plano de combate para conter, investigar e recuperar eficazmente das violações.

O fator humano: Cultive uma cultura de consciencialização cibernética entre os seus funcionários para os tornar na sua primeira linha de defesa.

Iremos aprofundar cada um desses bastiões, explorando seus princípios-chave, práticas recomendadas e conselhos práticos de implementação. No final desta jornada, terá o conhecimento e as ferramentas para construir uma formidável arquitetura de segurança de IA, garantindo a segurança e a proteção dos seus dados e aplicações no cenário digital em constante evolução.

Num ambiente de nuvem, onde os dados e recursos sensíveis residem para além do perímetro da rede tradicional, controlar quem tem acesso ao quê é fundamental. É aqui que os sistemas de controlo de acesso e autenticação se tornam os seus guardiões, garantindo que apenas os indivíduos autorizados podem entrar na fortaleza e aceder aos seus valiosos activos.

Na vasta e, por vezes, traiçoeira paisagem da nuvem, os seus dados sensíveis são como um tesouro precioso, pronto a ser levado por agentes maliciosos. Mas, tal como os cavaleiros de antigamente usavam armaduras para se protegerem em batalha, pode proteger os seus dados com uma poderosa arma defensiva: a encriptação.

Imagine que os seus dados são codificados numa cifra ilegível, apenas acessível com uma chave específica. É isso que a encriptação faz. Transforma as suas informações valiosas numa confusão aparentemente inútil de letras e números, tornando-as efetivamente invisíveis a olhos curiosos, mesmo que estes consigam violar as suas defesas na nuvem.

Dados em repouso: Encripte os seus dados quando estão armazenados na nuvem, garantindo a sua proteção mesmo que os atacantes tenham acesso aos seus sistemas de armazenamento.

Dados em trânsito: Encripte os seus dados enquanto estão a ser transmitidos através da Internet, protegendo-os de escutas e intercepções.

Chaves de encriptação: A chave para aceder aos seus dados encriptados é fundamental. Utilize algoritmos de encriptação fortes e práticas de gestão de chaves seguras para evitar a desencriptação não autorizada.

Confidencialidade: Apenas indivíduos autorizados com a chave de desencriptação podem aceder aos seus dados, mantendo-os confidenciais mesmo em caso de violação.

Integridade dos dados: A encriptação garante que os seus dados permanecem inalterados durante a transmissão ou o armazenamento, impedindo a adulteração e a manipulação.

Conformidade: Muitos regulamentos, como o RGPD e a HIPAA, exigem encriptação para tipos específicos de dados. A implementação de encriptação robusta demonstra a conformidade com estes regulamentos.

Integração de plataformas na nuvem: A maioria dos fornecedores de serviços em nuvem oferece capacidades de encriptação incorporadas para dados em repouso e em trânsito. Utilize estas funcionalidades e serviços para simplificar a implementação.

Encriptação para aplicações: Assegure-se de que as suas aplicações encriptam dados sensíveis tanto em repouso como em trânsito. Escolha aplicações com funcionalidades de encriptação incorporadas ou implemente bibliotecas de encriptação quando necessário.

Gestão de chaves: Armazene e gerencie com segurança suas chaves de criptografia. Considere a utilização de serviços de gestão de chaves na nuvem (KMS) para uma gestão de chaves centralizada e segura.

A encriptação não é uma solução milagrosa. É uma parte de uma abordagem de segurança com vários níveis.

Escolha o algoritmo de encriptação e a força da chave correctos. Consulte especialistas em segurança para garantir que os seus métodos de encriptação são suficientemente robustos para resistir a potenciais ataques.

Informe os seus empregados sobre a importância da segurança e encriptação dos dados.

Ao equipar os seus dados na nuvem com a armadura da encriptação, pode reduzir significativamente o risco de acesso não autorizado e garantir a sua confidencialidade, integridade e conformidade com os regulamentos relevantes. No campo de batalha digital, a encriptação é o seu escudo inabalável, protegendo os seus activos mais valiosos das ameaças sempre presentes da nuvem.

Por isso, não deixe os seus dados vulneráveis ao ar livre. Aproveite o poder da encriptação e mantenha-se forte contra as forças que procuram explorar as suas informações. Lembre-se, na nuvem, uma defesa bem fortificada é essencial, e a encriptação é o seu poderoso escudo.

No movimentado mercado da nuvem, a sua rede actua como o movimentado portão principal, um fluxo constante de dados que entram e saem. Mas, tal como em qualquer mercado movimentado, atrai não só comerciantes legítimos, mas também potenciais desordeiros. É aí que entram as firewalls e a segurança de rede - os guardiões vigilantes, examinando meticulosamente tudo o que entra e sai do seu ambiente de nuvem.

Imagine uma parede robusta com portas de entrada cuidadosamente controladas, onde os guardas inspeccionam todo o tráfego de entrada e saída. É essencialmente isso que uma firewall faz. Situa-se na fronteira da sua rede, analisando cada pacote de dados com base em regras e políticas predefinidas. Se um pacote levantar suspeitas, a firewall bloqueia a sua entrada, protegendo os seus preciosos activos na nuvem contra acesso não autorizado e ataques maliciosos.

Estes gatekeepers básicos examinam os pacotes de dados com base no seu endereço de origem, endereço de destino e número de porta, permitindo ou recusando o acesso com base em regras pré-definidas.

Imagine um funcionário dos correios meticuloso, que inspecciona cuidadosamente todas as cartas e pacotes antes de decidir se são entregues ou devolvidos ao remetente.

É essencialmente assim que uma firewall de filtragem de pacotes funciona no domínio digital.

Centram-se em três aspectos fundamentais de cada pacote:

Endereço IP de origem: O endereço digital do remetente, revelando a origem do pacote.

Endereço IP de destino: O endereço do destinatário pretendido, indicando para onde se dirige o pacote.

Número da porta: A porta específica, como uma porta virtual, que o pacote está a tentar aceder, frequentemente associada a serviços ou aplicações específicos (por exemplo, a porta 80 para tráfego Web, a porta 25 para correio eletrónico).

Regras predefinidas: Os administradores estabelecem um conjunto de regras que determinam quais os pacotes que podem passar e quais os que são bloqueados, à semelhança da lista de verificação de um segurança.

Permitir a entrada de tráfego Web (porta 80) de endereços IP específicos, mas bloqueá-lo de outros.

Negar todo o tráfego de entrada para portas sensíveis, como as utilizadas para acesso remoto ou partilha de ficheiros.

Permitir o tráfego de saída de correio eletrónico (porta 25) mas restringir a entrada de correio eletrónico a remetentes autorizados.

Processamento eficiente: Examinam os pacotes de forma independente, sem considerar o seu contexto dentro de uma conversa mais alargada, o que os torna eficientes e rápidos.

Consciência limitada do estado: Não monitorizam o estado das ligações, permitindo potencialmente que alguns pacotes maliciosos passem se parecerem fazer parte de uma sessão estabelecida.

Proteção básica da rede: São frequentemente utilizadas como firewall principal para redes domésticas e pequenas empresas, oferecendo um nível básico de segurança.

Defesa de perímetro: Podem servir de barreira inicial em arquitecturas de rede mais complexas, filtrando ameaças óbvias antes de firewalls mais sofisticadas examinarem melhor o tráfego.

Simplicidade: São relativamente fáceis de configurar e gerir, mesmo para quem tem conhecimentos limitados de redes.

Eficiência: Eles podem processar pacotes rapidamente, minimizando o impacto no desempenho da rede.

Proteção básica: Oferecem um nível fundamental de segurança e podem não ser suficientes para ambientes com requisitos de segurança elevados.

Vulnerabilidade a spoofing: Podem ser enganados por atacantes que manipulam os cabeçalhos dos pacotes para parecerem tráfego legítimo.

As firewalls de filtragem de pacotes fornecem uma primeira linha de defesa valiosa para a segurança da rede, mas devem ser combinadas com outras medidas de segurança para uma proteção abrangente. Considere-as como os guardiões vigilantes que inspeccionam o cartão de identificação de todos os visitantes, mas para o tráfego da sua rede digital.

Estes guardiões avançados vão além da simples inspeção de pacotes. Eles rastreiam o estado das conexões de rede, garantindo que apenas o tráfego autorizado e as sessões estabelecidas possam passar.

Imagine um guarda de segurança que não só verifica as identificações, mas também mantém um registo detalhado das actividades de cada visitante, garantindo que apenas aqueles com negócios legítimos e interacções aprovadas podem prosseguir. Essa é a essência de um firewall com estado.

Consciência do contexto: Vão além da inspeção básica de pacotes das firewalls de filtragem de pacotes, acompanhando o estado das ligações de rede, tal como um guarda de segurança que mantém um registo detalhado dos visitantes.

Controlo de ligações: Monitorizam o início, o progresso e o fim de cada ligação de rede, compreendendo o contexto de cada pacote no âmbito de uma conversa mais alargada.

Aplicação de regras dinâmicas: Aplicam regras de segurança baseadas não só nas informações dos pacotes, mas também no estado da ligação, permitindo um controlo mais granular e uma segurança melhorada.

Filtragem de pacotes: Herdam as capacidades fundamentais de inspeção de pacotes das firewalls de filtragem de pacotes, examinando endereços de origem e destino, números de portas e tipos de protocolos.

Tabela de estado: Mantêm uma tabela dinâmica de ligações activas, registando detalhes como endereços IP, números de porta, estado da ligação e duração da sessão.

Verificação de conexão: Examinam os pacotes de entrada para garantir que pertencem a ligações legítimas e estabelecidas, impedindo tentativas de acesso não autorizado.

Filtragem sensível ao contexto: Podem tomar decisões mais informadas com base no histórico e no contexto de uma ligação, e não apenas em pacotes individuais, como um segurança que considera as interacções anteriores de um visitante.

Exemplo: Se uma ligação foi iniciada a partir do interior da rede para um servidor de confiança, as firewalls com estado permitem pacotes subsequentes relacionados com essa ligação, mesmo que tenham origem no servidor externo.

Redes empresariais: São amplamente utilizados em ambientes empresariais para proteger as redes internas contra ameaças externas e aplicar políticas de controlo de acesso.

Infraestrutura de nuvem: São essenciais para garantir a segurança de aplicações e serviços baseados na nuvem, assegurando que apenas o tráfego autorizado pode aceder aos recursos da nuvem.

Routers domésticos: Muitos routers domésticos modernos incorporam capacidades de firewall com estado para fornecer um nível básico de proteção de rede.

Segurança aprimorada: Proporcionam um nível de proteção mais elevado do que as firewalls de filtragem de pacotes, acompanhando os estados da ligação e impedindo tentativas de acesso não autorizado.

Controlo granular: Permitem regras de segurança mais refinadas com base no estado e no contexto da ligação, permitindo políticas de segurança mais flexíveis e adaptáveis.

Consumo de recursos: A manutenção da tabela de estados requer mais capacidade de processamento e memória, o que pode afetar o desempenho da rede, especialmente em ambientes de elevado tráfego.

Vulnerabilidade a ataques complexos: Embora mais seguros que os firewalls de filtragem de pacotes, eles ainda podem ser vulneráveis a ataques sofisticados que exploram vulnerabilidades de protocolo ou fraquezas da camada de aplicação.

No cenário em constante evolução da nuvem, sua rede e seus aplicativos não são fortalezas inexpugnáveis; são estruturas dinâmicas que exigem manutenção e conservação constantes. Tal como as fendas e fissuras podem enfraquecer um castelo físico, as vulnerabilidades no seu ecossistema de nuvem podem ser exploradas por agentes maliciosos. É aqui que entra a gestão de vulnerabilidades e a mitigação de riscos, os engenheiros vigilantes estão constantemente a corrigir as fissuras e a reforçar as suas defesas contra potenciais violações.

Compreender as vulnerabilidades:

Imagine pequenos pontos fracos na sua armadura de nuvem, vulnerabilidades que os atacantes podem explorar para obter acesso não autorizado ou interromper as suas operações. Essas vulnerabilidades podem surgir de:

Falhas de software: Bugs ou pontos fracos nos seus sistemas operativos, aplicações ou serviços em nuvem.

Erros de configuração: Definições incorrectas ou configurações erradas que expõem involuntariamente lacunas de segurança.

Sistemas desactualizados: A utilização de software antigo e não corrigido deixa-o vulnerável a explorações conhecidas.

Processo de gestão de vulnerabilidades:

1. Identificação: Analise proactivamente o seu ambiente de nuvem em busca de vulnerabilidades utilizando ferramentas de segurança e scanners de vulnerabilidades.

2. Priorização: Avaliar a gravidade e a capacidade de exploração das vulnerabilidades para determinar quais as que devem ser tratadas em primeiro

lugar. As vulnerabilidades críticas com explorações prontamente disponíveis requerem atenção imediata.

3. Patching e correção: Aplicar os patches ou actualizações disponíveis para corrigir as vulnerabilidades o mais rapidamente possível. Se não houver um patch disponível, implemente mitigações temporárias para minimizar o risco.

4. Relatórios e monitorização: Acompanhe o seu processo de gestão de vulnerabilidades, documente as acções tomadas e monitorize continuamente a existência de novas vulnerabilidades.

Estratégias de atenuação dos riscos:

• Defesa em profundidade: Não confie apenas na correção de vulnerabilidades. Implemente várias camadas de controlos de segurança, incluindo firewalls, sistemas de deteção de intrusão e encriptação de dados, para criar uma defesa resiliente.

• Mínimo privilégio: Conceder aos utilizadores apenas os direitos de acesso mínimos necessários para desempenharem as suas funções, minimizando os danos potenciais se uma vulnerabilidade for explorada.

• Sensibilização para a segurança: Informe os seus empregados sobre as melhores práticas de cibersegurança para os ajudar a identificar e comunicar actividades suspeitas.

Principais ferramentas e tecnologias:

• Scanners de vulnerabilidade: Automatize o processo de identificação de vulnerabilidades no seu ambiente de nuvem.

• Ferramentas de gestão de patches: Simplifique a implementação de patches de segurança nos seus sistemas.

• Sistemas de gestão de eventos e informações de segurança (SIEM): Agregar registos e eventos de segurança de todo o seu ambiente de nuvem para detetar e investigar potenciais ameaças.

• A gestão de vulnerabilidades é um processo contínuo. São constantemente descobertas novas vulnerabilidades, pelo que é necessário analisar, corrigir e monitorizar regularmente o seu ambiente de nuvem.

- Dar prioridade ao risco. Concentre-se em resolver primeiro as vulnerabilidades mais críticas para minimizar o impacto potencial de uma violação.
- Teste e adapte as suas estratégias. Teste regularmente o seu plano de resposta a incidentes e actualize o seu processo de gestão de vulnerabilidades, conforme necessário.

Ao corrigir ativamente as falhas nas suas defesas na nuvem e ao implementar estratégias abrangentes de mitigação de riscos, pode transformar o seu ambiente de nuvem de um castelo vulnerável numa formidável fortaleza, resistente mesmo contra os atacantes mais determinados. No domínio digital, a vigilância e a manutenção proactiva são as ferramentas essenciais para proteger os seus bens valiosos e manter uma postura segura na nuvem.

Por isso, assuma o papel de engenheiro vigilante, procure vulnerabilidades na sua nuvem, aplique correcções rapidamente e crie uma defesa robusta contra ameaças em constante evolução. Lembre-se, na nuvem, uma abordagem proactiva à segurança é o seu escudo mais forte.

Protegendo pontos de extremidade e dispositivos

A segurança dos pontos finais é um aspeto crucial da cibersegurança que se centra na proteção dos pontos finais, como computadores de secretária, computadores portáteis, dispositivos móveis, servidores e dispositivos IoT, contra várias ameaças. Estes terminais servem de pontos de entrada na rede de uma organização e podem ser explorados por atacantes para roubar dados sensíveis, instalar malware ou perturbar as operações.

Estudos de caso de violação de endpoints no mundo real e lições aprendidas:

Eis alguns exemplos de organizações que sofreram violações de endpoints, juntamente com as principais lições aprendidas:

1. Marriott International (2018):

- Ataque: Os piratas informáticos utilizaram e-mails de phishing para obter acesso às credenciais dos funcionários e instalar malware nos computadores do hotel.

- Impacto: 500 milhões de registos de hóspedes expostos, incluindo nomes, números de passaporte e endereços de correio eletrónico.
- Lições aprendidas: Formação reforçada dos funcionários sobre phishing, autenticação multifactor para sistemas sensíveis e melhor monitorização dos terminais.

2. Maersk (2017):

- Ataque: Os piratas informáticos exploraram uma vulnerabilidade num programa de software utilizado pela Maersk para encriptar os contentores de transporte marítimo, causando uma perturbação generalizada das operações de transporte marítimo a nível mundial.
- Impacto: 300 milhões de dólares em perdas, atrasos nas operações portuárias e perturbações nas cadeias de abastecimento mundiais.
- Lições aprendidas: Importância de corrigir prontamente as vulnerabilidades do software, segmentar as redes para limitar os danos causados por violações e ter planos sólidos de resposta a incidentes.

3. Equifax (2017):

- Ataque: Os piratas informáticos exploraram uma vulnerabilidade numa aplicação Web para aceder aos servidores da Equifax e roubar informações pessoais de milhões de clientes.
- Impacto: 147 milhões de clientes afectados, danos à reputação e milhares de milhões em multas e custos de restituição.
- Lições aprendidas: Necessidade de avaliações de segurança regulares, implementação de práticas sólidas de segurança das aplicações Web e encriptação de dados sensíveis dos clientes.

4. NotPetya (2017):

- Ataque: O ataque de ransomware espalhou-se através de e-mails infectados e explorou vulnerabilidades nos sistemas operativos Windows.
- Impacto: Afectou hospitais, agências governamentais e empresas em todo o mundo, causando prejuízos de milhares de milhões de dólares.
- Lições aprendidas: Importância de fazer cópias de segurança dos dados

regularmente, manter o software atualizado e ter cuidado ao abrir anexos de correio eletrónico.

5. Colonial Pipeline (2021):

• Ataque: Os piratas informáticos obtiveram acesso à rede do operador de oleodutos através de uma palavra-passe comprometida e implementaram ransomware, encerrando as operações.

• Impacto: Escassez de combustível e aumentos de preços em todo o Leste dos Estados Unidos, evidenciando o potencial impacto dos ciberataques em infra-estruturas críticas.

• Lições aprendidas: Necessidade de políticas de palavras-passe fortes, implementação da autenticação multifactor e segurança do acesso aos sistemas de controlo industrial.

Estes estudos de caso realçam a importância de uma abordagem multi-camadas à segurança dos terminais. As organizações precisam de investir em soluções tecnológicas, na formação dos utilizadores e no planeamento da resposta a incidentes para se protegerem eficazmente da evolução das ciberameaças.

Os atacantes exploram vulnerabilidades em diferentes tipos de pontos finais:

Computadores portáteis:

• Phishing e engenharia social: Enganar os utilizadores para que cliquem em ligações maliciosas ou abram anexos infectados para instalar malware ou roubar credenciais.

• Software não corrigido: Exploração de vulnerabilidades conhecidas em sistemas operativos, aplicações ou browsers para obter acesso ou executar código.

• Senhas fracas: Adivinhar ou decifrar palavras-passe fracas para aceder a contas de utilizador ou sistemas.

• Redes Wi-Fi não seguras: Intercetar dados em redes Wi-Fi públicas ou utilizá-las como porta de entrada para redes empresariais.

• Dispositivos perdidos ou roubados: Obtenção de acesso físico a computadores portáteis para roubar dados ou instalar malware.

Servidores:

• Vulnerabilidades de acesso remoto: Exploração de fraquezas em protocolos de acesso remoto (por exemplo, RDP, SSH) para obter acesso não autorizado.

• Vulnerabilidades de software não corrigidas: Visando falhas conhecidas em software de servidor Web, sistemas de gestão de bases de dados ou sistemas operativos.

• Ataques de dia zero: Exploração de vulnerabilidades previamente desconhecidas antes de estarem disponíveis correcções.

• Ataques à cadeia de fornecimento: Comprometer componentes de software ou hardware durante o desenvolvimento ou distribuição para criar backdoors ou vulnerabilidades.

• Configurações incorrectas: Tirar partido de erros nas configurações do servidor para obter acesso ou aumentar os privilégios.

Dispositivos loT:

• Palavras-passe predefinidas: Utilização de palavras-passe codificadas e facilmente adivinháveis para assumir o controlo de dispositivos.

• Protocolos de comunicação inseguros: Interceção ou manipulação de dados transmitidos através de canais de comunicação não encriptados ou pouco seguros.

• Falta de actualizações: Exploração de vulnerabilidades em firmware ou software desatualizado que não tenha sido corrigido devido a mecanismos de atualização limitados.

• Botnets: Acoplamento de dispositivos em grandes redes para lançar ataques DDoS ou distribuir malware.

• Segurança física: Obtenção de acesso físico aos dispositivos para alterar as definições ou instalar malware.

A apresentação aborda o tema crucial da segurança da computação em nuvem no meio do mundo dinâmico e complexo da cibersegurança.

O panorama da segurança da IA é complexo e está em constante evolução. Operamos num modelo de responsabilidade partilhada, em que os fornecedores de serviços em nuvem oferecem uma infraestrutura segura, mas as organizações mantêm a responsabilidade de proteger os seus dados e aplicações. Além disso, os cibercriminosos estão constantemente a inovar, exigindo uma vigilância contínua e medidas de segurança proactivas. Além disso, os regulamentos de privacidade de dados em todo o mundo estão a tornar-se cada vez mais rigorosos, acrescentando outra camada de complexidade à segurança da IA.

Vários desafios fundamentais impedem a obtenção de uma segurança óptima da IA. A má configuração dos recursos da nuvem é um problema comum, deixando os sistemas vulneráveis a ataques. As ameaças internas de funcionários insatisfeitos ou contas comprometidas também podem causar danos significativos. Além disso, os ataques à cadeia de fornecimento que visam vendedores ou fornecedores dentro do ecossistema da nuvem representam uma preocupação crescente. Por último, a enorme complexidade dos ambientes modernos de computação em nuvem pode dificultar às organizações a manutenção de uma visibilidade e de um controlo completos sobre os seus dados e configurações de segurança.

O cenário de segurança de IA está em constante evolução e novas tendências estão surgindo para lidar com os desafios que enfrentamos. A arquitetura Zero Trust está a ganhar força, enfatizando a verificação contínua e os controlos de acesso granular. A inteligência artificial e o aprendizado de máquina são cada vez mais usados para deteção automatizada de ameaças, resposta a incidentes e identificação de anomalias. Além disso, a segurança de contentores está a tornar-se crucial à medida que as aplicações em contentores se tornam mais prevalecentes. As ferramentas de Gestão de Postura de Segurança de IA (CSPM) ajudam as organizações a monitorizar e melhorar continuamente a sua postura de segurança de IA. Finalmente, os avanços na computação quântica exigem preparativos para potenciais riscos de segurança futuros e a implementação de criptografia resistente a quantum.

O cenário de segurança de IA está em constante evolução e novas tendências estão surgindo para lidar com os desafios que enfrentamos. A arquitetura Zero

Trust está a ganhar força, enfatizando a verificação contínua e os controlos de acesso granular. A inteligência artificial e o aprendizado de máquina são cada vez mais usados para deteção automatizada de ameaças, resposta a incidentes e identificação de anomalias. Além disso, a segurança de contentores está a tornar-se crucial à medida que as aplicações em contentores se tornam mais prevalecentes. As ferramentas de Gestão de Postura de Segurança de IA (CSPM) ajudam as organizações a monitorizar e melhorar continuamente a sua postura de segurança de IA. Finalmente, os avanços na computação quântica exigem preparativos para potenciais riscos de segurança futuros e a implementação de criptografia resistente a quantum.

Estratégias para criar um ambiente de nuvem seguro

- Implementar uma arquitetura de confiança zero.

- Tire partido da IA e do ML para a automatização da segurança.

- Proteja a sua infraestrutura e aplicações.

- Dê formação aos seus empregados sobre as melhores práticas de cibersegurança.

- Monitorize e avalie regularmente a sua postura de segurança da IA.

- Efetuar testes de penetração e avaliações de vulnerabilidade.

- Ter um plano sólido de resposta a incidentes.

A criação de um ambiente de nuvem seguro requer uma abordagem em várias camadas. A implementação de uma arquitetura Zero Trust fornece uma estrutura fundamental para o controlo de acesso e a proteção de dados. A utilização de IA e ML para automação de segurança pode melhorar significativamente as capacidades de deteção e resposta a ameaças. É essencial proteger a sua infraestrutura e aplicações aplicando as melhores práticas de segurança e a gestão de patches. Educar os seus funcionários sobre a sensibilização para a cibersegurança e as melhores práticas pode evitar erros humanos e ameaças internas. A monitorização e a avaliação regulares da sua postura de segurança de IA são cruciais para identificar e resolver potenciais vulnerabilidades. A realização de testes de penetração e avaliações de vulnerabilidade fornecem informações valiosas sobre a sua postura de segurança. Por fim, ter um plano de resposta a incidentes bem definido garante uma resposta organizada e eficaz aos ciberataques.

REFERÊNCIAS

1. Abdel-Karim, B. M., Pfeuffer, N., Rohde, G., & Hinz, O. (2020). Como e o que é que os humanos podem aprender por estarem no circuito? Invocando a aprendizagem por contradição como uma medida para tornar os humanos mais inteligentes. KI- Kunstliche Intelligenz, 34, 199-207.

2. Ahmad, K., Bano, M., Abdelrazek, M., Arora, C., & Grundy, J. (2021, setembro). O que há com a engenharia de requisitos para sistemas de inteligência artificial? Em 2021 IEEE 29ª Conferência Internacional de Engenharia de Requisitos (RE) (pp. 1-12). IEEE.

3. Calegari, R., Ciatto, G., Denti, E., & Omicini, A. (2020). Tecnologias baseadas em lógica para sistemas inteligentes: Estado da arte e perspectivas. Informação, 11(3), 167.

4. Calegari, R., Ciatto, G., Denti, E., & Omicini, A. (2020). Tecnologias baseadas em lógica para sistemas inteligentes: Estado da arte e perspectivas. Informação, 11(3), 167.

5. Chen, J., Ramanathan, L., & Alazab, M. (2021). Modelagem inteligente artificial integrada de big data holística para melhorar a privacidade e a segurança no gerenciamento de dados de cidades inteligentes. Microprocessadores e microssistemas, 81, 103722.\

6. Gal, U., Jensen, T. B., & Stein, M. K. (2020). Quebrando o ciclo vicioso da gestão algorítmica: A virtue ethics approach to people analytics. Informação e Organização, 30(2), 100301.

7. Hopgood, A. A. (2021). Sistemas inteligentes para engenheiros e cientistas: um guia prático de inteligência artificial. CRC press.

8. Jensen, B. M., Whyte, C., & Cuomo, S. (2020). Algorithms at war: the promise, peril, and limits of artificial intelligence (Algoritmos em guerra: a promessa, o perigo e os limites da inteligência artificial). Revista de Estudos Internacionais, 22(3), 526-550.

9. Li, D., Liu, H., Zhang, Z., Lin, K., Fang, S., Li, Z., & Xiong, N. N. (2021). CARM: Modelo de recomendação com reconhecimento de confiança por meio

de aprendizado de representação de revisão e comportamento de classificação histórica nas plataformas online. Neurocomputação, 455, 283-296.

10. Liao, Q. V., Gruen, D., & Miller, S. (2020, abril). Questionando a IA: informando práticas de design para experiências de usuário de IA explicáveis. Em Proceedings of the 2020 CHI conference on human factors in computing systems (pp. 1-15).

11. Liu, X., Glocker, B., McCradden, M. M., Ghassemi, M., Denniston, A. K., & Oakden-Rayner, L. (2022). A auditoria algorítmica médica. The Lancet Digital Health, 4(5), e384-e397.

12. Nourani, M., King, J., & Ragan, E. (2020, outubro). O papel da experiência de domínio na confiança do utilizador e o impacto das primeiras impressões com sistemas inteligentes. Em Proceedings of the AAAI Conference on Human Computation and Crowdsourcing (Vol. 8, No. 1, pp. 112-121).

13. Ostheimer, J., Chowdhury, S., & Iqbal, S. (2021). Uma aliança entre humanos e máquinas para a aprendizagem automática: Sistemas inteligentes híbridos e os seus princípios de conceção. Tecnologia na Sociedade, 66, 101647.

14. Raji, I. D., Smart, A., White, R. N., Mitchell, M., Gebru, T., Hutchinson, B., ... & Barnes, P. (2020, janeiro). Fechando a lacuna de responsabilidade da IA: Definindo uma estrutura de ponta a ponta para auditoria algorítmica interna. Em Proceedings of the 2020 conference on fairness, accountability, and transparency (pp. 33-44).

15. Sarker, I. H. (2022). Modelação baseada na IA: Técnicas, aplicações e questões de investigação no sentido da automação, sistemas inteligentes e smart systems. SN Computer Science, 3(2), 158.

16. Schmidt, P., Biessmann, F., & Teubner, T. (2020). Transparência e confiança nos sistemas de inteligência artificial. Journal of Decision Systems, 29(4), 260-278.

17. Shneiderman, B. (2020). Colmatar a lacuna entre ética e prática: orientações para sistemas de IA centrados no ser humano fiáveis, seguros e dignos de confiança. ACM Transactions on Interactive Intelligent Systems (TiiS), 10(4), 1-31.

I want morebooks!

Buy your books fast and straightforward online - at one of world's fastest growing online book stores! Environmentally sound due to Print-on-Demand technologies.

Buy your books online at
www.morebooks.shop

Compre os seus livros mais rápido e diretamente na internet, em uma das livrarias on-line com o maior crescimento no mundo! Produção que protege o meio ambiente através das tecnologias de impressão sob demanda.

Compre os seus livros on-line em
www.morebooks.shop

info@omniscriptum.com
www.omniscriptum.com

Printed by Books on Demand GmbH, Norderstedt / Germany